레위기를 알면 예배가 보인다

레위기

서 문

　레위기는 순서상으로 모세 오경(창세기, 출애굽기, 레위기, 민수기, 신명기) 중에 세 번째에 가장 중심에 위치하고 있습니다. 단순히 순서상의 중심일 뿐만 아니라, 내용적으로, 영적으로 가장 핵심적인 내용을 담고 있습니다. 오경의 핵심이 레위기라면 레위기를 이해한다는 것은 전체 구약에 대한 하나의 해석의 열쇠가 되며, 신약과 구약이 별개의 책이 아닌 하나의 책이라면 신약까지도 이 레위기를 통해서 진정한 의미를 살필 수 있는 것입니다.

　레위기는 시간적으로 이스라엘이 시내산에 도착한 출애굽 1년 3월 1일로부터 시내산을 출발한 출애굽 2년 2월20일 사이 11개월20일 동안 있었던 일들을 배경으로 합니다(출 19:1, 민 10:11). 레위기의 첫 장에서 여호와께서 모세를 회막에서 부르십니다(레 1:1). 이는 출애굽기 40장의 성막 봉헌(출 40:2) 이후로 성막이 세워진 출애굽 2년1월1일 이후의 말씀이라는 면에 있어서 시간적으로 출애굽기와 연결됩니다. 그러나 레위기는 출애굽 2년 1월1일로부터 2월20일의 단 50일 간의 일만을 배경으로 하지 않습니다. 비록 첫 장은 하나님께서 회막에서 모세에게 말씀하신 것으로 나옴에도 불구하고 계속적인 말씀은 레위기의 말씀이 시내산에서 말씀하신 것을 배경으로 하기 때문입니다(레 7:38, 25:1, 26:46, 27:34). 그러므로 레위기의 말씀은 한편으로 출애굽기를 연속하면서도 다른 한편으로 시간적으로 자유롭게 시내산에서 있었던 일들을 배경으로 합니다. 레위기 자체는 시간적인 순서를 우리들에게 전해 주는데 목적이 있는 것이 아닌 신학적인 가르침을 주시고자 하는 것입니다.

성경의 많은 책들이 구조적으로 '구원'과 '구원 그 이후'에 관한 말씀을 전해 줍니다. 레위기 또한 이러한 구조를 따릅니다. '구원'에 관한 말씀은 하나님께서 행하신 일들을 통해서 은혜를 가르치며, '구원 그 이후'에 관한 말씀은 하나님의 은혜를 받은 사람들이 살아야 할 응답에 관한 말씀입니다. 레위기는 이러한 큰 맥락에서 전반부가 되는 1-16장은 하나님께서 마련하신 구원과 은혜의 메시지입니다. 하나님께서는 5대 제사라는 예배를 통해서(1-7장) 하나님께 나아가는 길을 제시하셨으며, 이 제사를 위하여 제사장을 세우셨으며(8-10장), 참된 제물이 되어야할 그의 백성들의 정결법에 관하여 교훈하십니다(11-16장). 다음으로 후반부의 17-27장은 하나님의 나라가 되고, 백성이 된 구원 받은 사람들이 어떻게 살아야 할 것인가에 관하여 가르칩니다. 하나님의 은혜를 받은 하나님의 백성들은 이제 이에 합당한 거룩한 삶으로 응답하여야 합니다. 17-20장은 개인적인 거룩에 관하여 가르치며, 21-22장은 제사장의 거룩, 23-27장은 공동체적인 거룩에 관하여 알게 하십니다.

레위기를 살피며 다음과 같은 특징들을 주목하여야 합니다.

첫째, 레위기는 오늘날 우리들에게 막연하게 아는 예배에 대한 성경적인 신학을 제공합니다. 번제와 소제, 화목제, 속죄제, 속건제의 의미와 세부적인 가르침은 정리되지 않은 예배의 다양한 형태와 주장들에 어떠한 틀을 제공하여 줄 것입니다(1-7장).

둘째, 레위기에 나타난 제사장들의 의미와 역할은 단지 제사장뿐만 아니라 만인 제사장의 가르침 속에 있는 성도들에게 어떻게 왕같은 제사장으로 서야 할 것인가를 알게 하여 주실 것입니다(8-10장, 21-22장).

셋째, 레위기의 정결 규례들은 하나님께 드려지는 예배의 정신과 제사장에 대한 교훈에 이어 하나님께 드려져야 할 제물로서의 자신을 돌아보게 하십니다(11-16장).

넷째, 레위기가 가르치는 거룩에 관하여 주목해 보아야 합니다. 레위기의 전반부에서 드려져야 할 제물된 자들의 정결함에 관하여 교훈하신다면 이제 레위기의 후반부는 그들의 거룩함에 관하여 교훈하십니다. 이러한 거룩함은 개인적이며(17-20장), 공동체적으로(23-27장)으로 나타납니다. 또한 거룩함은 사람을 향하여(17-20장), 하나님을 향하여(23-27장) 나타납니다.

다섯째, 레위기에 나타난 여러 가르침 속에 녹아 있는 영적인 성숙에 관한 교훈과 가르침을 발견하여야 합니다. 신앙은 한편으로 응답함으로, 다른 한편으로는 성숙함으로 나타나기 때문입니다.

과거 그리고 현재까지도 레위기는 다른 성경책에 비해 그 가치를 막연하게 인정받으면서도 그 분명한 뜻을 모른 채 단지 하나의 의식법으로만 간주되어왔습니다. 그러나 그러한 의식들 안에 숨겨지고 담겨진 하나님의 가르침은 참으로 놀라운 것입니다. 유대인들은 자녀들의 성경교육을 창세기가 아닌 레위기부터 한다는 것은 레위기를 공부하는 자에게 있어 특별한 의미를 줍니다. 레위기의 가치는 구약은 신약의 모형이요 그림자이기에 구약에 있는 자에게보다는 신약을 더욱 명확하게 이해하기 위한 자에게, 더 나아가 신구약의 통일성 있는 하나님의 말씀을 바로 이해하고자 하는 자에게 참된 성경의 해석서가 되어 줄 것입니다. 이 레위기 교재가 예배를 온전케하여 거룩의 회복에 아무쪼록 작은 쓰임을 받는 책이 되기를 소망합니다.

차 례

제1편 제사장 나라 (1~16장)

제2편 거룩한 백성 (17~27장)

제4부   **소극적, 개인적인 백성의 거룩한 삶(17장~20장)**

제5부   **제사장의 거룩(21장~22장)**

제6부   **적극적, 공동체적인 백성의 거룩한 삶(23장~27장)**

레위기의 구조

제사장 나라-하나님께 나아감(1-16장)													
5대 제사						제사장 성별			정결법(제물)				
번제	소제	화목제	속죄제	속건제	각 제사의 규례	제사장 위임식	아론의 첫 번째 제사	나답과 아비후의 죽음	정결한 짐승과 부정한 짐승	산모의 정결의식	나병에 관한 규례와 정결의식	유출병에 관한 규례	속죄일
1장	2장	3장	4장	5장	6-7장	8장	9장	10장	11장	12장	13-14장	15장	16장

거룩한 백성-삶(17-27장)										
소극적,개인적인 백성의 거룩한 삶				제사장의 거룩		적극적, 공동체적인 백성의 거룩한 삶				
희생제물에 관한 규례	세상풍속의 경계	거룩한 삶의 규례	중죄와 처벌	제사장 거룩에 관한 규례	성물에 관한 규례	이스라엘의 7대 절기	성소의 규례	안식년과 희년	축복과 저주	서원
17장1)	18장	19장	20장	21장	22장	23장	24장	25장	26장	27장

---

1) 레위기 17-26장은 학계에서 일반적으로 성결 법전이라고 불리는 부분입니다. 이 용어는 클로스터만이 처음 사용한 이후에 일반적으로 사용되었습니다(A. Klostermann, 『Ezechiel und das Heiligkeits-gesestz』1877). 또한 17장에는 18장 이후 장들이 가진 어법적 특징이 거의 나타나지 않고 이전 장들의 내용과 공통적인 특징을 다소 공유함으로 견해에 따라서는 1-16장의 부분으로, 혹은 17장은 1-16장과 18-27장을 잇는 이음매로 간주하기도 합니다(G. J. Wenham). 그러나 1-16장은 이스라엘의 제사장적 책임을 강조하며, 17-27장은 이스라엘의 하나님의 백성으로서의 거룩에 강조하는 측면에서 본 책에서는 1-16장과 17-27장의 구조를 지지합니다.

레위기

제1편 제사장 나라

제1부

5대 제사
(1-7장)

PART

01

번제
1장1~17절

Key Point

번제는 '완전한 헌신'을 의미하며 이는 친히 제물이 되신 예수 그리스도께서 오직 하나님께 영광을 돌리는 모습을 보여줍니다. 다섯 제사 중에 가장 먼저 번제가 소개된 것은 그 순서상에 있어서도 가장 중요한 의미를 가집니다. 우리는 이 번제의 제사를 보며 친히 번제의 제물이 되신 그리스도의 모습과 더불어 우리들 자신이 어떠한 번제의 제물로 하나님께 영광을 돌려야 할지를 보게 될 것입니다.

본문 이해

  레위기는 크게 1-16장과 17-27장으로 나뉩니다. 1-16장은 하나님
께 나아감에 관한 것이며 17-27장은 거룩한 백성으로 삶에 관한 말씀
입니다. 곧 1-16장은 **'제사장 나라'**, 17-27장은 **'거룩한 백성'**에 관
한 말씀이라 할 수 있습니다[2]. 이는 출애굽기 19장6절에 나타난 하나
님의 부르심입니다.

  "너희가 내게 대하여 '제사장 나라'가 되며 '거룩한 백성'이 되리라 너
는 이 말을 이스라엘 자손에게 전할지니라"(출 19:6)

  구조적으로 1-16장의 전반부는 번제로부터 시작하는 이스라엘 5대
제사에 대한 말씀으로부터 시작합니다. 제사에 대한 말씀은 제사장의
나라로 부르심을 받은 이스라엘이 **'어떻게 하나님께 예배할 것인가'**
를 먼저 다루는 것입니다.

  레위기의 **제1부**는 1장-7장까지입니다. 이는 '5대 제사인 번제와 소
제와 속죄제와 속건제와 화목제의 규례에 대한 말씀'으로 7장37-38절

---

2) 전정진, 『레위기-어떻게 읽을 것인가?』(서울: 성서유니온선교회, 2004), 21쪽.

의 말씀으로 분명하게 구분 짓고 있습니다.

"이는 번제와 소제와 속죄제와 속건제와 위임식과 화목제의 규례라 여호와께서 시내 광야에서 이스라엘 자손에게 그 예물을 여호와께 드리라 명령하신 날에 시내 산에서 이같이 모세에게 명령하셨더라"(레 7 장37-38절)

제2부는 8-10장으로 '제사장에 관한 말씀'입니다. 제사장 위임식(8 장), 아론의 첫 번째 제사(9장), 나답과 아비후의 죽음(10장)으로 구성되어 있습니다.

제3부는 11-16장으로 레위기의 전반부를 마무리하며 '정결법에 관한 말씀'입니다. 정한 짐승과 부정한 짐승에 관한 말씀(11장), 산모의 정결 규례(12장), 나병의 정결 규례(13-14장), 유출에 관한 정결 규례(15장), 마지막으로 속죄일에 관한 규례(16장)로 절정에 이릅니다.

레위기의 전반부가(1-16장) 세 부분으로 나누어짐과 같이 후반부 또한 세 부분으로 나누어집니다.

제4부는 17-20장으로 소극적인 의미에서 '개인적인 거룩한 백성의 삶에 관한 말씀'입니다.

제5부는 21-22장으로 '제사장 정결 규례'로, 앞선 8-10장의 전반부의 제사장과 관련된 말씀과 대칭이 됩니다.

마지막 **제6부**는 23-27장의 말씀으로 하나님과의 관계 속에서 적극적인 의미에서 '공동체적인 거룩한 백성의 삶에 관한 말씀'이 7대 절기와 관련된 말씀(23장), 성소의 규례(24장), 안식년과 희년의 말씀(25장) 등에 담겨져 교훈합니다. 레위기의 마지막은 축복과 저주(26장), 서원(27장)의 말씀으로 마무리 됩니다.

■ 레위기 1-7장의 구조적 이해
　　레 1:1-17: 번제
　　레 2:1-16: 소제
　　레 3:1-17: 화목제
　　레 4:1-35: 속죄제 1-비고의성의 죄에 대한 속죄제
　　레 5:1-13: 속죄제 2-고의성의 죄에 대한 속죄제
　　레 5:14-6:7: 속건제
　　레 6:8-7:38: 제사장을 위한 제사 규례

■ 레위기 1장의 구조적 이해
　　레 1:1-2: 여호와의 명령
　　레 1:3-9: 소의 번제
　　레 1:10-13: 양이나 염소의 번제

레 1:14-17: 새의 번제

1. 하나님께서 어디에서 모세를 부르셨습니까? 그리고 그 의미는 무엇입니까?(1-2절)

　하나님께서는 모세를 '회막'에서 부르셨습니다. 시내산에서 위엄 가운데 이스라엘 가운데 자신을 보이신 하나님께서 이제는 회막 가운데 거하시며 이스라엘 백성들과 동행하십니다. 시내산에서 하나님은 '소멸하시는 불'로서 자신의 거룩함을 이스라엘에게 나타내셨다면, 회막에서 하나님은 은혜와 긍휼로서 이스라엘과 함께 하시는 것입니다. 출애굽기와 레위기가 어떻게 달라지는지 보아야 합니다. 출애굽기 40장에서 이스라엘은 성막을 건축하였고 이제 레위기 첫 장에서 하나님께서는 그들이 지은 하나님의 집인 성막에서 하나님의 음성을 듣는 것입니다. 이것이 출애굽기와 레위기의 마지막과 시작의 차이입니다.

이제 우리는 어디에서 하나님의 음성을 듣습니까? 시내산도 성막도 아닙니다. 성막을 짓기 전에는 시내산에서 말씀하셨고, 성막을 지은 후에는 성막에서 말씀하신 하나님께서는 이제는 우리의 마음을 하나님의 처소로 삼으십니다. 그리고 우리들의 마음에서 말씀하시는 것입니다. 신약의 오순절 성령의 강림 하신 사건 이후에는 하나님께서 우리 마음을 성막으로 삼으시고 우리 마음에 거하십니다.

"사람이 나를 사랑하면 내 말을 지키리니 내 아버지께서 그를 사랑하실 것이요 우리가 그에게 가서 거처를 그와 함께 하리라"(요 14:23)

2. 이스라엘이 하나님께 드렸던 5가지 제사는 무엇입니까?(1장-7장)
번제, 소제, 화목제, 속죄제, 속건제

로마서 12장1절 말씀에, "그러므로 형제들아 내가 하나님의 모든 자비하심으로 너희를 권하노니 너희 몸을 하나님이 기뻐하시는 거룩한 산 제물로 드리라 이는 너희가 드릴 영적 예배니라"고 하셨습니다. 우리가 드려야 할 영적 예배는 어떠한 영적인 심오한 예배를 가르키는 것이 아닙니다. 우리말 성경에 영적 예배라고 하였지만 이는 원어는 '로기코스'이며, 영어로 '영적인'을 뜻하는 spiritual의 뜻이 아닌 reasonable, '합당한' 이라는 의미를 가집니다. 그러므로 하나님께서 기쁘시게 받으시는 예배를 위해서는 '바른 예배'인 구약의 5대 제사에 대한 이해 없이는 불가능합니다.

예배는 하나님을 기쁘시게 하는 것입니다. 번제의 제사에 있어서 3절과 4절에 두 번이나 반복하여 '기쁘게 받으심'에 관하여 말씀하심을 주목하여야 합니다. 온전한 예배는 하나님을 참으로 기쁘시게 하는 것입니다(엡 5:10).

3. 번제의 제물로서 쓰였던 것은 무엇입니까?

번제의 제물로는 소의 흠 없는 수컷(3-9절), 양이나 염소의 흠 없는 수컷(10-13절), 새가 쓰였습니다(14-17절). 번제의 제물의 선택은 개인의 형편에 따라 선택적으로 드려질 수 있었습니다. 비둘기는 고대 이스라엘인들이 집에서 유일하게 기르던 새였습니다[3]. 그러나 어떠한 제물을 드리든지 번제의 정신(전부를 드림)을 훼손한다면 이는 제사를 넘어 하나님을 멸시하는 태도가 될 것입니다. 하나님께 드리는 제물은 '가축 중에서'(레 1:2)에서 선별되었습니다. 예배란 근본적으로 저 세상을 대상으로 하는 것이 아닌 믿음의 사람, 하나님이 자녀들에게 향한 것입니다. 더 나아가 야생 동물 중에서 제물로 바쳐질 수 없었습니다. 야생 동물은 전혀 길들여져 있지 않기 때문입니다[4]. 하나님께 드려지는 제물은 사람의 손에 길들여지고, 사람을 위하는 동물이어야 합니다[5]. 이러한 제물의 선택은 하나님께서 받으시는 사람은 하나님의 사람, 길들

3) A. Noordtzij, Leviticus(Grand Rapids: Zondervan, 1982), pp. 40-41.

4) 김서택, 『능력의 비결』(서울: 이레서원, 2013), 20쪽.

5) 박승호, 『레위기의 스피릿으로 하나님을 예배하라』(서울: 그리심, 2012), 40-41쪽.

여지는 사람, 또한 사람을 섬기고 귀히 여길 줄 아는 사람임을 교훈합니다. 또한 제물은 암컷이 아닌 수컷으로 드려졌는데 이는 대표성의 원리에 의한 것으로 비록 제사 자체가 제물의 수컷과 예배자의 남성 중심이나 이는 남녀에게 동일한 은총을 가지고 오며, 장차 오실 참된 제물이 되신 예수 그리스도를 예표하는 것입니다.

4.1장은 5대 제사 중 '번제'에 대한 가르침입니다. 번제란 어떠한 제사입니까?

공식적인 번제로 제사장이 드리는 상번제는 아침과 저녁에 소제와 함께 드려집니다(출 29:38-42, 레 6:8-9). 그러나 레위기 1장의 번제는 의무제인 상번제가 아닌 누구나 드릴 수 있는 일반 번제입니다. 이스라엘 자손 중에서 하나님께 예물을 드리고자 하는 사람은 누구든지 개인적으로 번제를 드릴 수 있었습니다[6](레 1:2). 번제란 제물 모두를 불살라 하나님께 올라가게 하는 제사입니다. 번제(올라)는 '올라가다'라는 뜻을 가집니다. 제물을 완전히 불살라 하나님께 바치고, 바치는 자의 몫은 없습니다. 이로써 번제는 완전한 희생을 의미하며 또한 오직 하나님께만 영광을 드린다는 것을 의미하는 것입니다. 또한 번제는 죽음에 처한 그리스도를 상징합니다. 제물은 바로 예수 그리스도를 뜻하며 짐승의 피 또한 주님의 피를 상징하는 것입니다.

---

6) 김중은, 『거룩한 길 다니리』(서울: 한국 성서한 연구소, 2001), 44쪽.

번제를 드리는 방식[7]은 다음과 같습니다(5-9절).

① 예배자는 회막 문 앞 제사장에게 제물을 가져옵니다.

② 예배자는 제물에 안수합니다(4절).

③ 예배자는 제물을 죽입니다(5절).

④ **제사장은 그 피를 번제단 사면에 뿌립니다(5절).**

⑤ 예배자는 번제물의 가죽을 벗깁니다(6절).

⑥ 예배자는 제물의 각을 뜹니다(6절).

⑦ **제사장은 제단에 불과 나무를 준비합니다.**

⑧ **제사장은 뜬 각과 머리와 기름을 제단 위의 불 위에 벌여 놓습니다(8절).**

⑨ 예배자는 제물의 내장과 정강이를 물로 씻습니다(9절).

⑩ **제사장은 그 전부를 단 위에 불사릅니다(9절).**

예배에 예배자와 제사장의 역할이 분할되지만 따로 분리되지 않고 끝까지 함께 협력됨을 살펴볼 수 있습니다. 마치 수술실에서 한 사람의 의사와 하나의 매스가 아닌 여러 의사들이 협력함과 같습니다. 또한 직접적인 예배는 제사장이 드림에도 불구하고 제사장은 오히려 예배의 조력자의 역할됨을 알 수 있습니다.

---

7) 김중은, 『거룩한 길 다니리』, 45-46쪽.

5. 제물에 안수함과 잡음을 살펴봅시다(4-5절).

제물을 드리는 예배자는 제물에 먼저 안수하였습니다. 이 안수는 예배자의 죄에 대한 전가를 상징합니다[8]. 이러한 안수의 행위로서 예배자와 제물은 하나가 되는 것입니다. 더 나아가 예배는 제물을 예배자 자신이 직접 잡았는데 예배자는 자신의 죄가 전가되고 자신과 일치된 제물을 직접 자신의 손으로 잡음으로 온전한 헌신을 드러내는 것입니다.

6. 번제를 드렸던 사람은 누구입니까?(5-9절)

아론의 자손 제사장들입니다. 제물에 대한 안수와 잡음, 제물의 가죽을 벗기는 일과 각을 뜨고 내장과 정강이를 씻는 일은 예배자가 행하였으나 이를 번제로 드리는 일은 제사장이 행한 것입니다.

7. 가죽을 벗긴다는 것은 어떠한 의미가 있습니까?(6절)

우리가 하나님께 드리는 것은 단순히 표면적이고 외면적인 것이 아니라 우리의 내적 중심을 드린다는 것을 의미하는 것입니다. 가죽을 벗긴다는 것은 무엇이나 안에 있는 것을 나타내기 위하여 겉에 덮은 것을 단순히 제거하는 일입니다[9]

8. 각을 뜬다는 것은 무엇을 의미합니까?(6절)

---

8) 유동근, 『레위기』(서울: IMC, 2007), 20-22쪽.

9) C. H. Machintosh, 『레위기』(서울: 생명의 말씀사, 1999), 40-45쪽.

가죽을 벗기는 행위가 외적이며 내적인 일치를 요구한다면 각을 뜬다는 것은 전체와 부분의 일치를 요구합니다. 우리는 전체적인 삶 가운데 또는 세부적인 우리들의 삶 가운데 하나님 앞에서 온전한 헌신됨이 있어야 합니다. 이러한 모범은 바로 우리 주 예수 그리스도께서 보이셨습니다.

9. 제물의 내장과 정강이를 물로 씻는다는 것은 무엇을 의미합니까?(9절)

이는 순결을 의미하며 먼저는 그리스도의 내적이며 외적인 순결을 의미하며 이것을 우리들에게 적용할 때는 하나님께 영광을 돌리는 자의 삶이 순결해야 함을 의미합니다.

No	번제의 방식	의미	주체
1	피를 제단 사방에 뿌림(5절)	속죄	제사장
2	가죽을 벗김(6절)	내면과 외면의 일치	예배자
3	각을 뜸(6절)	전체와 부분의 일치	
4	내장과 정강이를 물로 씻음(9절)	순결	

10. 새의 번제에 관하여 살펴봅시다(14-17절)

소의 번제(3-9절), 양이나 염소의 번제(10-13절)는 그 형식상의 큰 차이는 없습니다. 그러나 새의 번제는 그 형식에 많은 차이가 있음을 살필 수 있습니다.

먼저 예물의 대상으로 새의 번제이면 '산비둘기'나 '집비둘기 새끼'로 예물을 드렸습니다. 산비둘기는 '투림'이며 집비둘기는 '요나'입니다. 그런데 집비둘기는 새끼(브레이)가 드려졌습니다. 곧 '투림'과 '브레이 요나'로 드려졌습니다. 이는 가난한 백성들에 대한 하나님의 배려가 됩니다. 그들은 예배에 있어서, 번제에 있어서 제외되지 않았습니다. 비록 과부의 두 렙돈은 작은 돈이지만 결코 마리아의 300데나리온의 옥합과 다르지 않습니다.

새의 번제는 이전과 달리 예배자가 아닌 제사장이 행하였습니다. 곧 제사장이 새를 제단에서 잡았습니다.

새의 번제의 절차는 다음과 같습니다.

① 제사장은 새의 머리를 비틀어 끊고 제단 위에 불살랐습니다.
② 제사장은 새의 피를 제단 곁에 흘렸습니다.
③ 제사장은 그것의 모이주머니와 그 더러운 것은 제거하여 제단 동쪽 재 버리는 곳에 던졌습니다.
④ 제사장은 새의 날개 자리에서 그 몸을 찢되 아주 찢지 말고 그것을 제단 위의 불 위에 있는 나무 위에 불살랐습니다.

새의 피는 적은 양이므로 소나 양과 염소의 피와 같이 제단 사면에 뿌릴 수 없었습니다. 그것은 단지 제단 곁에 흘렸으나 하나님께서 동일하게 받으셨습니다.

새의 내장은 작아 역시 소나 양과 염소의 내장과 같이 씻을 수 없었습니다. 그러므로 내적으로 모이주머니를 제거하며 외적으로 더러운 것 곧 '깃털'을 제거하였습니다. 이는 하나님께서 우리들이 크던 작던 우리의 안과 밖을 살피심을 보이시는 것입니다.

새의 크기는 작아 소나 양과 염소처럼 각을 뜰 수 없었습니다. 그러므로 새는 그 몸을 찢었으며 아주 찢지 않고 몸통을 열어 드렸습니다.

비록 그 형식적인 차이는 있지만 그 내면적인 의미에 있어서는 동일하며 더 나아가 하나님께서 모든 사람들의 상황 속에서 배려하시며 그 중심을 받으심을 알 수 있는 것입니다.

소, 양과 염소의 번제	새의 번제
피를 제단 사방에 뿌림	피를 제단 곁에 흘림
가죽을 벗김	머리를 비틀어 끊음
각을 뜸	날개 자리에서 그 몸을 찢되 아주 찢지 않음
내장과 정강이를 물로 씻음	모이주머니와 그 더러운 것을 제거함

11. 소의 번제, 양과 염소의 번제, 새의 번제의 차이를 정리하여 봅시다.

소의 번제나, 양과 염소의 번제, 새의 번제는 기본적인 번제의 정신에는 차이가 없습니다. 다만 경제적인 형편에 따라 드려졌으므로 몇몇 차이가 있을 뿐입니다. 그러나 구약적인 개념 뿐만 아니라 신약적인 개념 안

에서 이 차이를 구분하는 일은 유익합니다[10]

먼저 제물의 차이는 단순한 경제적인 차이 뿐만 아니라 믿음의 크기를 나타냅니다. 이는 신약적으로는 경제적인 차이가 아닌 믿음의 차이를 보여줍니다. 소는 헌신과 수고와 희생을, 양과 염소는 온유함과 순종을, 새는 순결함을 교훈합니다.

더 나아가 '계시된' 제물이 드려지는 장소적인 차이는 우리들의 헌신된 차이를 구분하여 줍니다. 소는 회막문에서 잡으며, 양과 염소는 제단 북쪽에서 잡으며, 새는 제단에서 잡습니다[11]. 제단에서 멀어질수록 헌신이 보다 자발성을 가지게 되는 것입니다.

마지막으로 살필 것은 제물을 잡은 주체의 차이입니다. 소나 양이나 염소는 예배자가 잡으나 새의 번제는 제사장에 의해서 이루어졌습니다. 장성한 자는 스스로 설 수 있으나 어린 아이는 의존적인 존재입니다. 그러나 우리의 헌신은 이러한 의존에 의해서라도 온전히 이루어져야 하는 것입니다.

---

10) 박승호, 『레위기의 스피릿으로 하나님을 예배하라』, 34-37쪽.

11) 정중호, 『한국장로교총회창립 100주년기념 표준주석: 레위기』(서울:한국장로교출판사, 2014), 45쪽.

묵상

01 번제의 정신이 가르쳐주시는 교훈에 관하여 나누어 봅시다.

02 가난한 자들에 대한 배려를 어떻게 우리는 예물 속에서 발견할 수 있습니까?(14-17절)

03 나는 하나님 앞에서 내적으로 외적으로, 전체적으로 부분적으로, 또한 순결하게 하나님 앞에 서 있습니까?

되새김

번제에 있어 예배자와 제사장의 구분된 일을 살펴봄은 유익합니다. 곧 제사는 단지 제사장이 드리는 것이 아니라 제물에 안수하고 잡고 가죽을 벗기고 각을 뜨며, 내장과 정강이를 씻는 일에 예배자는 참여하게 되는 것입니다. 예배 가운데 예배자에게 요구되는 정신은 구약과 신약이 동일합니다. 나는 예배에 어떠한 참여를 하고 있는지 자신의 예배에 관하여 점검할 수 있는 기회가 되어야 할 것입니다.

02

소제
2장1~16절

Key Point

번제와 마찬가지로 소제에서도 예수 그리스도의 모습을 보게 됩니다. 번제에서 온전한 헌신으로 자신을 드렸던 예수 그리스도의 모습을 보여주셨다면 소제는 성령으로 잉태하시고 성령의 기름부음을 받으셨던 그리고 온전한 소제로서 살으셨던 예수 그리스도의 모습을 보게 됩니다. 이는 단지 주님의 모습만이 아니라 우리들에게도 소제적인 삶을 살게 하시는 것입니다.

본문 이해

■ 레위기 2장의 구조적 이해

  레 2:1-3: 유향을 넣은 곡식가루의 소제

  레 2:4-10: 3가지 요리로 드리는 소제

  레 2:11-13: 누룩과 꿀과 소금에 관하여

  레 2:14-16: 첫 이삭의 소제

1. 소제는 어떠한 제사입니까?

  소제는 동물이 아닌 곡식으로 드리는 제사입니다. 5가지 제사 중에서 유일하게 피 없이 드리는 제사입니다. 그러나 이 제사는 소제 단독으로 드려지지 않고 다른 제사와 함께 드려졌음을 또한 주목하여야 합니다.

소제(민하)는 '선물', '예물' 등을 뜻하는 말로서 이는 하나님께 어떠한 것을 드려야 하는지 알게 합니다. 동물의 제사에서 야생 동물이 쓰여지지 않음과 같이 소제에 있어서도 야생의 산물을 쓰지 않았습니다. 소제는 사람의 수고와 정성이 담긴 곡물로 드려야 하는 것입니다.

소제의 제물 또한 예수 그리스도를 예표한다고 할 때에 소제의 고운 가루는 바로 예수 그리스도의 인성을 의미합니다. 곧 예수 그리스도의 이 땅의 삶을 보여주는 것입니다. 소제의 고운 가루는 이처럼 흠 없었던 예수 그리스도의 삶을 보여줄 뿐만 아니라 예배를 드리는 자의 심령이 고난과 연단으로 말미암아 잘 빻아지고 쓰임에 합당한 아름다움이 있어야 함을 가르칩니다. 하나님께서 받으시는 가장 귀한 아름다움은 곱게 빻아진 우리의 심령과 삶인 것입니다.

2. 소제의 재료들을 살펴봅시다.
소제에 가장 먼저, 기본적으로 준비되어져야 할 바는 '고운 가루'입니다. 피의 제사의 가축이 성막 안에서 잡혀짐에 반하여 곡물의 제사에 있어 고운 가루는 집에서부터 준비되어져야 합니다. 예배자로서 우리들의 삶에서 먼저 준비되고 예비되는 것입니다. 삶에서부터, 가정에서부터 예배의 준비는 시작되는 것입니다.

다음은 소제의 '고운 가루'에 첨가 되는 것들입니다.

1) 소제의 기름은 무엇을 의미합니까?(1절)

소제에 첨가되는 세 가지는 기름과 유향과 소금입니다. 먼저 소제의 기름은 성령을 상징합니다. 소제의 고운 가루는 기름과 혼합되어 있으면서도 또한 기름이 부어지기도 하였습니다. 이는 성령으로 잉태되었으며 또한 성령으로 기름부음을 받은 예수 그리스도의 모습을 보여주는 것입니다. 곧 우리들의 삶 또한 성령으로 살아야 함과 동시에 성령의 기름부음을 받아야 함을 가르쳐 주시는 것입니다.

2) 소제의 유향은 무엇을 의미합니까?(1-2절)

두 번째 첨가물은 유향입니다. 유향은 유향나무에서 추출한 고급 향료입니다. 소제의 기름은 성령을 상징하며 동시에 사역에 있어 그리스도의 사역의 능력을 의미하며, 소제의 또 다른 부가물인 유향은 그리스도의 사역의 목적이 하나님께 영광을 돌림에 있음을 보여줍니다. 우리는 이러한 사실을 2절에서 읽을 수 있습니다(이는 화제라 여호와께 향기로운 냄새니라).

3) 소제의 소금은 무엇을 의미합니까?(13절)

소제의 세 번째 첨가물은 소금입니다. 소제의 유향은 하나님께 향한 것이며 소제의 소금은 사람에게 향한 것으로서, 이는 하나님의 인간을 향한 언약의 항구성을 의미합니다.

No	소제의 세 가지 첨가물	의미
1	기름	성령
2	유향	하나님께 드리는 영광
3	소금	언약의 항구성

3. 소제에 부가된 재료분만 아니라 이제 소제에 제외된 재료들을 살펴보아야 합니다.

 1) 누룩은 무엇을 의미합니까?(11절)

 소제에는 세 가지 첨가물인 기름과 유향과 소금이 들어가지만 반대로 반드시 제외되어야 할 두 가지가 있습니다. 곧 누룩과 꿀입니다. 먼저 누룩입니다. 성경에서는 단 한 차례도 누룩이 긍정화되지 않는다는 것을 살펴봄이 중요합니다. 이 누룩은 바로 죄요 악을 의미하기 때문입니다[12]. 만일 소제가 예수 그리스도를 상징한다면 순결하신 그 분을 상징하는 소제에 결코 누룩이 들어갈 수 없는 것입니다.

 2) 꿀은 무엇을 의미합니까?(11절)

 누룩이 악한 것이라면 꿀은 아름답고 매력적인 것입니다. 누룩은 죄로

---

12) 대부분의 주석들은 누룩과 꿀이 발효를 일으키며 이 발효가 부패를 암시하기 때문에 이를 금지한다고 생각합니다. 또한 추가적으로 죽은 것만이 제사에서 제단에 불태워질 수 있는데 누룩은 살아 있는 생명체였기 때문에 금지되었다는 설명도 있습니다(G. J. Wenham, 『레위기』, 서울: 부흥과개혁사, 2014, 81쪽).

말미암은 내적 부패를 의미한다면 꿀은 외적인 유혹과 쾌락을 의미합니다. 하나님께서 소제에 있어서 꿀을 허락하지 않으셨음을 기억하여야 합니다. 은혜의 삶 속에서 아름다움과 매력을 찾는 이들은 이 세상의 세속적인 아름다움과 매력에 깊이 심취하지 않도록 주의하여야 합니다.

믿음의 경주는 '무거운 것'과 '얽매이기 쉬운 죄'가 있습니다. 믿음의 경주에서 어떠한 것은 죄가 되는 것도 있지만 어떠한 것은 죄가 되지 않습니다. 그러나 분명한 것은 '무거운 것' 또한 경주를 방해하는 것입니다. 그러므로 하나님께 드리는 향기로운 삶이 되기 위해서는 삶의 '누룩' 뿐만 아니라 '꿀'을 제해 버릴 수 있어야 할 것입니다.

"이러므로 우리에게 구름 같이 둘러싼 허다한 증인들이 있으니 모든 무거운 것과 얽매이기 쉬운 죄를 벗어 버리고 인내로써 우리 앞에 당한 경주를 하며"(히 12:1)

4. 소제에 금지된 누룩과 꿀이 예외적으로 드려질 수 있는 경우는 무엇입니까?(12절)

기본적으로 누룩과 꿀은 소제에 들어갈 수 없으나 예외적으로 처음 익은 것으로는 여호와께 드릴 수 있었습니다. 그러나 이 경우라 할지라도 제단에는 올리지 못하고 제사장의 몫이 되어 제사장의 음식이 되어지고 단에 올려 화제로 하나님께 향기로운 예물은 될 수 없었습니다(레 23:17, 대하 31:5).

왜 하나님께서는 처음 익은 곡식의 경우에는 예외를 두셨을까요?[13]

맥추절에 드려지는 십분의 이 에바의 떡 두 개에는 누룩이 들어가는데 이 때에 드리는 방식은 화제가 아닌 요제로 흔들어 드립니다. 떡에 누룩이 들어감을 허락하신 이유는 죄된 사람을 성령의 임재로 말미암아 하나님께서 받으심을 예표하심이 되는 것입니다(레 23:17).

5. 소제의 예물의 종류는 크게 어떻게 나누어집니까?(1-16절)

소제 예물은 크게 날 것과 요리된 것, 볶아 찧은 것으로 나누어집니다. 날 것은 고운 가루에 기름을 붓고 그 위에 유향을 놓습니다(1절). 그러나 유향은 값비싼 고급 향료로서 가난한 사람들은 이 유향을 하나님께 드릴 수가 없었습니다. 그러므로 또 다른 소제의 방법으로 가난한 사람들을 위한 배려로서 요리된 소제로 하나님께 드릴 수 있었습니다. 요리된 소제의 방법은 크게 세 가지로 화덕에 구운 것과(4절) 철판에 부친 것과(5절). 냄비의 것으로(7절, 이는 기름으로 튀김의 형식을 의미함), 이 세 가지의 특징은 고운 가루와 기름을 섞고 유향을 첨가하지 않았습니다. 마지막 세 번째로 볶아 찧은 것은 첫 이삭의 소제로 첫 이삭의 소제에는 날 것과 같은 방식으로 그 위에 기름을 붓고 유향을 더하였습니다(14-16절). 첫 이삭은 땅의 모든 소산을 대표하며 이는 땅의 모든 소유권이 하나님께 있음을 고백하는 것입니다.

---

13) 박승호, 『레위기의 스피릿으로 하나님을 예배하라』, 51-53쪽.

소제의 예물 종류	구성	의미
날 것	고운 가루+기름+유향	소제의 일반적 교훈
요리된 것	고운 가루+기름	가난한 자를 위한 배려
볶아 찧은 것	고운 가루+기름+유향	하나님의 주재권을 인정

번제에 있어 제물의 분류가 되는 소, 양이나 염소, 새의 경우와 같이 소제에 있어서도 경제적인 이유로 드리는 방식이 차이가 납니다. 번제에 있어, 구약적인 의미에서 뿐만 아니라 신약적인 의미에서 살펴볼 수 있음과 같이 소제에 있어서도 날 것과 요리된 것, 볶아 찧은 것의 차이 뿐만 아니라 요리된 것 가운데에서도 화덕에 구운 것과 철판에 부친 것과 냄비의 것은 믿음의 교훈을 남깁니다.

먼저 날 것과 요리된 것, 볶아 찧은 것의 차이입니다.

이 세 경우에는 유향의 유무를 먼저 살펴야 합니다. 구약적인 의미에서 유향은 가난한 사람들에 감당할 수 없는 것이므로 요리된 것으로 대체하였습니다. 그러나 그 의미는 하나님께 영광을 돌리는 기도와 찬양 등을 의미합니다. 그러므로 신약에 있어서 기도하는 사람, 찬양하는 사람들은 자신의 기도와 찬양이 하나님께 올리는 유향임을 알 때에 그 가치를 더욱 깨달아야 합니다.

둘째, 날 것으로 드릴 때에 고운 가루에 기름이 부어짐을 살펴야 합니다. 날 것의 고운 가루는 오랫 동안 정성껏 준비된 인격을 의미하며 이러한 인격에 성령의 기름 부음을 받아 쓰임 받음을 교훈합니다.

셋째, 요리된 것은 고운가루가 기름으로 반죽된 것으로 여기에 기름이 부어짐으로 성령의 내적인 충만과 외적인 충만을 교훈합니다. 성령의 내적인 충만은 성령의 내적인 열매로 나타나며(갈 5:22-23), 성령의 외적인 충만은 성령의 은사로 나타나게 됩니다(고전 12:8-11).

넷째, 볶아 찧은 것으로 이는 처음 익은 곡식으로 하나님의 주권과 소유권을 인정하는 것입니다. 하나님께서는 이처럼 하나님의 소유된 자들을 불의 연단과 고난을 통해서 하나님의 소유로 삼으십니다.

다음으로 살필 것은, 요리된 것으로 화덕에 구운 것과 철판에 부친 것과 냄비의 것의 차이입니다. 이는 하나님의 은혜와 고난과 섭리와 역사에 대한 반응을 보여줍니다. 하나님은 우리들에게 은혜를 주시기도 하고, 고난을 주심으로 이끄시기도 하며, 여러 상황의 섭리를 보이시며, 강권적인 역사를 보이십니다. 이에 대해서 화덕에 구운 것은 즉각적인 응답을, 철판에 부친 것은 천천히 응답함을, 냄비의 것은 더딤을 교훈합니다[14].

---

14) 박승호, 『레위기의 스피릿으로 하나님을 예배하라』, 56쪽.

6. 소제에 참여한 사람들에 관하여 살펴봅시다(3절).

소제물의 남은 것은 아론과 그 자손들이 먹었습니다. 번제물과 소제물에는 예배자 자신에게 돌아오는 몫은 없었습니다. 번제물에는 제물의 가죽이 제사장에게 돌아갔고, 소제물에는 남은 것이 아론과 그 자손들에게 돌아갔습니다. 소제에 드려졌던 것은 기념물로 한 움큼입니다(2절). 이처럼 기념물로 드려졌던 한 움큼을 제외한 나머지 소제물은 아론과 그 자손에게 돌려서 그들의 양식이 되었습니다. 번제와 소제, 특별히 소제에 있어서 그것이 제사장의 양식이 됨을 통해서 예배의 정신은 드림에 있음과 더불어 목자에 대한 배려와 섬김을 가르칩니다(갈 6:6). 소제물은 이미 하나님께 드려진 바 이므로 아론과 그 자손은 이 소제물에 누룩을 넣어서는 않되며 거룩한 곳 회막 뜰에서 먹어야 했습니다(레 6:16).

묵상

01 소제의 고운 가루와 기름과 유향, 소금의 교훈에 관하여 나누어 봅시다.

02 소제에 금지가 된 누룩과 꿀을 우리들의 삶 속에서 적용하여 나누어 봅시다.

03 소제에 관한 교훈 중에 마음에 와 닿는 바를 나누어 봅시다.

되새김

우리는 소제 가운데 참된 소제의 제물이 되신 예수 그리스도의 모습을 보아야 할 것입니다. 그 분의 삶에는 어떠한 악한 것도, 또한 세속적인 아름다운 것도 없었습니다. 그의 삶의 아름다움은 오직 하나님 앞에 있었을 뿐입니다. 이제 우리들은 소제적인 삶 속에서 그리스도와 연합하고 교제하는 것입니다.

PART

03

화목제
3장1~17절

Key Point

구약의 화목제는 신약의 성만찬으로 성취됩니다. 예수님께서는 십자가로 나아가기 전에 제자들과 함께 주의 만찬을 가지셨습니다. 이는 마치 화목제가 소개되고 그 다음에 속죄제와 속건제가 나타나는 것과 같습니다. 진정한 하나님과 인간, 인간과 인간 사이의 화목은 주 예수 그리스도의 십자가를 통해서 이루어진 것입니다. 따라서 화목제의 규례는 레위기에서도 5제사 중에 마지막을 장식하고 있는 것입니다.

본문 이해

■ 레위기 3장의 구조적 이해

레 3:1-5: 소로 드리는 화목제

레 3:6-11: 양으로 드리는 화목제

레 3:12-16: 염소로 드리는 화목제

레 3:17: 기름과 피에 식용 금지

1. 화목제는 어떠한 제사입니까?

화목제는 하나님과 사람, 사람과 사람 사이의 화목을 위한 제사입니다. 번제가 하나님께 영광을 드리며 자신을 온전히 헌신하는 제사라며 이제 화목제는 하나님과 교통하는 자에게 기쁨이 선포되고 하나님과 사람, 사람과 사람 사이의 화목함이 선언됩니다.

화목제의 '제바흐 쉘라밈'은 짐승을 잡다는 '자바흐'에서 파생된 '희생물'을 뜻하는 '제바흐'와 화평하다, 교제하다라는 '쏼람'에서 파생된 '화평', '교제'의 '쉘라밈'으로 구성된 '교제의 희생제', '화평의 희생제'의 뜻을 가집니다. 곧 화목제 안에는 희생과 그 결과를 담고 있습니다.

2. 화목제에 예물이 제단에 올려지기 전까지의 과정을 살펴봅시다(1-2절).
화목제의 예물이 드려지는 절차는 드려지는 부위가 구분되기까지는 기본적으로 번제의 절차와 같습니다.

① 예물이 되어지는 짐승을 끌고 나아옴(1절)
② 예물의 머리에 안수함(2절)
③ 회막 문에서 잡음(2절, 회막 북편 뜰에서 도살함)
④ 아론의 자손 제사장들은 그 피를 제단 사방에 뿌림(2절)

3. 화목제에서 하나님께 드려지는 것은 어떠한 부위입니까?(4-5절, 9-10, 14-15절)
화목제에 대한 말씀은 예물의 종류로 구분되어서 예물이 소의 경우와(1-5절) 양의 경우와(6-11절) 염소의 경우로 나뉘어집니다(12-16절).
화목제에서 하나님께 드려지는 부위는 소로 예물을 드릴 때에는 내장에 덮인 기름과 내장에 붙은 모든 기름과 두 콩팥과 그 위의 기름 곧 허리 쪽에 있는 것과 간에 덮인 꺼풀을 콩팥과 함께 떼어내었습니다(4-5절). 양으로 예물을 드릴 때에는 기름 곧 미골에서 벤 기름진 꼬리와 내장에 덮인 기름과 내장에 붙은 모든 기름과 두 콩팥과 그 위의 기름 곧 허리쪽에 있는 것과 간에 덮인 꺼풀을 콩팥과 함께 떼어내었습니다(9-10절). 염소로 예물을 드릴 때에는 내장에 덮인 기름과 내장에 붙은 모든 기름과 두 콩팥과 그 위의 기름 곧 허리 쪽에 있는 것과 간에 덮인 꺼풀을 콩팥과 함께 떼어내었습니다(14-15절).

소의 경우	양의 경우	염소의 경우
내장에 덮인 기름과 내장에 붙은 모든 기름과 두 콩팥과 그 위의 기름 곧 허리 쪽에 있는 것과 간에 덮인 꺼풀을 콩팥과 함께 떼어냄	기름 곧 **미골에서 벤 기름진 꼬리**와 내장에 덮인 기름과 내장에 붙은 모든 기름과 두 콩팥과 그 위의 기름 곧 허리쪽에 있는 것과 간에 덮인 꺼풀을 콩팥과 함께 떼어냄	내장에 덮인 기름과 내장에 붙은 모든 기름과 두 콩팥과 그 위의 기름 곧 허리 쪽에 있는 것과 간에 덮인 꺼풀을 콩팥과 함께 떼어냄

양의 경우에 있어서만 미골에서 벤 기름진 꼬리가 추가되었습니다. 그리고 세 경우의 공통된 부위는 1. 내장에 덮인 '기름' 2. 내장에 붙은 모든 '기름' 3. 두 콩팥과 그 위의 '기름' 4. 간에 덮인 '꺼풀'입니다.

화목제에 화제로 하나님께 드려지는 부위는 기름으로 이는 부와 힘과 능력이 오직 하나님께 있음을 나타냅니다.

4. 화목제물이 번제물 위에 놓임을 살펴봅시다(5절).

화목제의 제물은 번제물 위에 놓여졌습니다. 제사장들은 아침과 저녁에 상번제로 하나님께 드렸으며(출 29:38-42, 민 28:3-8), 화목제물은 이러한 번제물 위에서 불탔습니다. 곧 화목제는 번제를 기초로 하여 이루어지며 이는 속죄가 화목의 근거가 됨을 알게 합니다. 주 예수 그리스도의 속죄 사역이 없이는 결코 하나님과 사람, 사람과 사람의 참된 화목과 친교가 이루어질 수 없는 것입니다.

5. 화목제와 번제와의 차이점들을 살펴봅시다.

화목제는 다른 제사들에 비해서 그 엄격성이 강조되지 않습니다. 이는 다른 제사와 달리 이 제사가 가지고 있는 화목과 친교라는 독특성 때문입니다. 화목제와 번제의 차이는 다음과 같습니다.

첫째, 번제는 수컷만 드려졌는데 화목제는 수컷과 암컷에 상관이 없었습니다. 이는 예수 그리스도의 피를 의지하는 자는 흠만 없다면 남녀노소, 빈부귀천을 구별하지 않으시는 무한한 하나님의 사랑을 보여주십니다. 번제와 다른 제사를 드릴 때에 수컷을 드림은 대표성의 의미가 강하나 화목제는 친교와 화목에 의미를 두기에 수컷과 암컷의 구분을 하지 않는 것입니다.

둘째, 번제물에는 새가 있는데 화목제에는 새가 빠져 있습니다. 여기서는 단순하게 화목제의 성격상 나눔의 대상이 되는 제물로서 새가 부적절한 것을 살펴볼 수 있습니다. 번제는 제물의 차이로 소, 양이나 염소, 새에 관한 말씀이었으나 화목제는 새 없이 소, 양, 염소에 관한 말씀입니다.

셋째, 번제에서는 제물을 모두 불살랐지만 화목제는 일부분만을 불살랐습니다. 이것은 화목제의 주목적이 친교와 나눔에 있기 때문입니다.

6. 더욱 구체적으로 화목제가 이전의 번제와 소제와 다른 점을 살펴봅시다.

매일 아침과 저녁으로 드린 번제, 소제와는 달리, 이 제사는 성소에서 매일 정규적으로 드리는 제사가 아니었습니다. 화목제는 1. 감사함으로, 2. 자원함으로 또는 3. 서원을 위하여 드려졌습니다(레 7:15-16). 또한 번제의 경우 제물 전체를 태워 하나님께 드렸으며, 소제의 경우는 한 줌의 제물만을 기념물로 태우고 나머지는 제사장들에게 주었으므로 예배자에게 돌아오는 몫이 없었으나 화목제의 경우 동물의 일부는 태웠으며 일부는 제사장들이 먹었으며 그 나머지는 예배자에게 되돌려져 예배자와 그 친지들이 함께 먹을 수 있었습니다.

7. 화목제의 세 가지 제사 목적은 무엇입니까?(레 7:11-18, 22:17-25)

화목제에 관한 말씀은 레위기 3장, 7장, 22장에서 전합니다. 먼저 레위기 3장에서는 화목제에 대한 일반적인 교훈에 관하여 전합니다. 그러나 보다 구체적인 화목제의 세 가지 경우에 관하여서는 7장과 22장에서 나누어져 있습니다.

먼저 7장11-21절에서는 화목제의 세 가지 목적 중의 첫 번째인 감사제에 관한 말씀입니다. 감사제로서의 화목제는 원수나 병의 공격에서 하나님의 도우심을 간구하거나 자신의 잘못을 고백하며 드려졌습니다. 혹은 환난에서 구원받은 후에 하나님의 자비에 초점을 맞추어 감사제를 드렸습니다. 감사제의 특징은 감사함으로 드리는 화목제물의 고기는 드리는 그 날에 먹어야 했습니다. 조금이라도 이튿날 아침까지 둘 수 없었습니다. 이는 화목제의 다른 제사인 서원제와 자원제와 다릅니다. 왜냐하면 서원제와 자원제에서는 드린 제물을 그 이튿날까지는 먹을 수 있었기 때문입니다.

둘째, 서원제입니다. 이는 어려운 상황을 만났을 때 사람들은 흔히 하나님의 도우심을 간구하며 서원제의 약속을 하였습니다. 화목제에 대한 일반적인 교훈에 있어서 화목제의 제물은 수컷이나 암컷이나 흠 없는 것으로 드려졌으나 이는 감사제의 경우이며, 서원제나 자원제에 있어서는 소나 양이나 염소의 흠 없는 수컷으로 드려졌습니다(레 22:18-19).

셋째, 자원제로서 낙헌제라고도 합니다. 이는 하나님의 호의와 선하심에 대해 예배자가 자발적으로 드리는 제사입니다. 감사제와 달리 자원제와 서원제는 흠 없는 수컷으로 드려졌는데 성경은 흠이 있는 예에 관하여 다음과 같이 전합니다.

"너희는 눈 먼 것이나 상한 것이나 지체에 베임을 당한 것이나 종기 있는 것이나 습진 있는 것이나 비루먹은 것을 여호와께 드리지 말며 이런 것들은 제단 위에 화제물로 여호와께 드리지 말라"(레 22:22)

그러나 예외적인 것으로 자원제물로 쓸 수 있는 경우에 관하여 다음과 같이 전합니다.

"소나 양의 지체가 더하거나 덜하거나 한 것은 너희가 자원제물로는 쓰러니와 서원제물로 드리면 기쁘게 받으심이 되지 못하리라"(레 22:23)

지체가 더하거나 덜한 것은 정상적인 것들보다 비정상적으로 크거나 작은 것으로 병이나 상처에 의한 것이 아니기에 서원제물로는 합당하지 않으나 자원하는 낙헌제물로는 쓰일 수 있었습니다.

8. 화목제의 영적인 의미는 무엇입니까?

예수 그리스도의 희생으로 말미암아 인생은 하나님과 더불어 친교의 장이 열렸으며 또한 인생 상호간에서 아름다운 성도의 교제가 가능하게 된 것입니다. 화목제의 성격이 속죄가 주목적이 아님에도 불구하고 화목제에서 피 뿌리는 의식이 있는 것은 인간은 항상 죄를 용서 받아야 함을 상기시킵니다.

9. 화목제의 규례는 어디에 나타나고 있습니까? 그 의미는 무엇입니까?

화목제의 소개가 번제 소제에 이어 세 번째 나타남에 반해 화목제의 규례는 속죄제와 속건제에 이어 마지막인 7장11-37절에 나타나고 있습니다. 그리고 이 화목제의 규례로서 전체 제사 규례를 마무리하고 있습니다. 이는 온전한 인생의 화목이 그리스도의 생애, 특성, 인격, 사역, 직분 등을 면밀히 살피고 그러한 영향 아래에서만 이루어진다는 것을 보여 주는 것입니다.

묵 상

01 진정한 화목과 평화는 주 예수 그리스도의 십자가로 말미암은 것입니다. 우리가 감사할 수 있는 이유들은 바로 주의 십자가가 있기 때문입니다. 주님의 십자가는 나의 삶의 감사의 근원이 됩니까?

02 화목제는 하나님과의 화목뿐만 아니라 이웃과의 화목함에 관하여 전하고 있습니다. 나의 이웃과 어떠한 화목함이 있습니까?

03 화목제가 드려졌던 세 가지 경우를 기억해 봅시다. 나의 하나님께 향한 감사의 예물, 서원의 예물, 자원의 예물은 무엇입니까?

되새김

우리가 감사할 수 있는 것은 감사할 수 있게 그 길을 열어두신 예수 그리스도로 말미암은 것입니다. 우리가 평화할 수 있는 것도 결국 우리들의 노력에 의한 것이 아니라 바로 우리 주님께서 우리들 가운데 행하신 일들로 말미암은 것입니다. 오늘 우리는 제사적인 화목제가 아니라 영적인 하나님과의 친교와 성도의 교제를 가져야 할 것입니다.

PART
04-1

속죄제 1
4장1~35절

Key Point

지금까지는 우리는 번제와 소제와 화목제를 살펴보았습니다. 이 세 가지 제사의 특징은 하나님께 향기로운 냄새가 되었다는 것입니다. 하나님께 향기로운 냄새가 되었다는 것은 하나님께서 기뻐 받으심이 됩니다. 그러나 이제 앞으로 살펴볼 속죄제와 속건제는 죄와 관련이 있으며 이러한 요소는 결코 하나님 앞에 향기로운 제사가 될 수 없음을 기억해야 할 것입니다. 즉 번제와 소제와 화목제는 예배를 위한 제사라면 속죄제와 속건제는 속죄를 위한 제사가 됩니다. 그리고 이 속죄만이 다른 제사가 성립할 수 있는 근거가 됩니다. 만일 속죄제가 없었다면 다른 제사들은 아무런 의미도 찾지 못하게 되는 것입니다.

본문 이해

1-3장은 번제 소제 화목제에 관한 규례입니다. 이제 4-5장은 앞선 제사와 성격이 다른 속죄제와 속건제에 관하여 전합니다. 1-3장의 시작과 4-5장의 시작이 되는 두 구절은 각각 이것이 새로운 단락임을 알게 합니다.

"여호와께서 회막에서 모세를 부르시고 그에게 말씀하여 이르시되 이스라엘 자손에게 말하여 이르라…"(레 1장1-2절)

"여호와께서 모세에게 말씀하여 이르시되 이스라엘 자손에게 말하여 이르라…"(레 4장1-2절)

여호와 하나님의 모세에게 대한 말씀과 명령으로 각각 시작하는 두 말씀은 이것이 서로 다른 성격임을 알게 하는 구분이 됩니다. 곧 앞선 말씀이 자원제요 감사로 드려지는 것이라면 이제부터 나눌 말씀은 죄에 관한 제사이며, 의무제가 됩니다.

- 레위기 4장의 구조적 이해
  레 4:1-2: 머리말-계명을 범한 비고의적 죄
  레 4:3-12: 기름 부음을 받은 제사장의 죄의 속죄제

레 4:13-21: 이스라엘 온 회중의 속죄제

레 4:22-26: 족장의 속죄제

레 4:26-35: 평민 한 사람의 속죄제

1. 속죄제의 의미는 무엇입니까?

속죄제는 죄에 대한 희생의 제사입니다. 속죄제를 뜻하는 '하타아트'는 '정화시키다'는 뜻의 '히티'라는 동사에서 파생된 것으로 이는 '정화시키는 제사' 또는 '정결하게 하는 제사'라는 의미를 가집니다.

2. 속죄제에 대한 규례는 어떻게 구분되어 있습니까?

레위기 1-3장의 번제, 소제, 화목제가 제물을 중심으로 구성되었다면 속죄제에서는 제사를 드리는 자의 사회적인 지위로 구분되어져 있습니다. 첫째, 기름부음을 받은 제사장을 위한 제사(1-12절) 둘째, 온 회중을 위한 제사(13-21절) 셋째, 족장을 위한 제사(22-26절) 넷째, 평민의 하나를 위한 제사입니다(4장27-5장13절).

1) 기름 부음 받은 제사장을 위한 제사에 관하여(1-12절)

먼저 기름 부음을 받은 제사장은 일반 제사장이 아닌 대제사장을 의미합니다. 대제사장의 범죄는 온 회중의 범죄와 동일시되어 취급되는데 이는 대제사장의 죄는 자신뿐만 아니라 백성 전체에 영향을 미친다는 것을 보여줍니다. 대제사장이 지은 죄가 일반 백성이 지은 죄보다 심각했다는 것은 대제사장이 가장 값비싼 수송아지로 제사를 드렸다는 사실과 제물의 피를 가지고 성소(향단)까지 들어가서 피 뿌리는 의식을 행했다는 것에서 보여집니다. 수송아지는 대제사장과 온 회중이 죄를 지었을 경우에만 제물로 드려졌습니다(레 4:3, 14). 제물의 피가 지성소와 성소를 가르는 성소 휘장 앞에 일곱 번 뿌려진다는 것은 하나님께서 백성들과 관계하시며 그들 가운데 거하신다는 것을 확증하며, 여호와 앞 곧 회막 안 향단 뿔에 바른다는 것은 회중의 예배를 인정하신다는 것을 의미하며 피 전부를 회막문 앞 번제단 밑에 쏟는다는 것은 개인의 양심 문제가 온전히 해결되었다는 것을 의미하는 것입니다.

기름 부음 받은 제사장을 위한 제사의 과정은 다음과 같습니다.

① 흠 없는 수송아지를 속죄제물을 삼음

② 그 수송아지를 회막 문 여호와의 앞으로 끌고 옴

③ 그 수송아지의 머리에 안수함

④ 그 수송아지를 여호와 앞에서 잡음

⑤ 기름 부음을 받은 제사장은 그 수송아지의 피를 가지고 회막에 들어가 그 제사장이 손가락에 그 피를 찍어 여호와 앞 곧 성소의 휘장 앞에 일곱 번 뿌림

⑥ 제사장은 그 피를 여호와 앞 곧 회막 안 향단 뿔들에 바름

⑦ 그 수송아지의 피 전부를 회막 문 앞 번제단 밑에 쏟음

⑧ 그 속죄제물이 된 수송아지의 모든 기름을 떼어내어 화목제 제물의 소에게서 떼어냄 같이 하여 제사장은 그것을 번제단 위에서 불사름

⑨ 그 수송아지의 가죽과 그 모든 고기와 그것의 머리와 정강이와 내장과 똥 곧 그 송아지의 전체를 진영 바깥 재머리는 곳인 정결한 곳으로 가져다가 불로 나무 위에서 사름

주목할 것은 기름 부음을 받은 제사장의 죄는 그 자신이 그 피를 직접 가지고 회막 문 앞으로 들어간다는 것입니다. 또한 번제에서 가죽을 제외한 모든 부분을 하나님께 드렸고, 화목제에서 기름만 드리고 나머지는 나누었다면, 속죄제에서는 하나님께 기름만 드리고 나머지는 먹지 못하고 다 재 버리는 곳에서 불살랐습니다.

2) 온 회중을 위한 제사에 관하여(13-21절)

온 회중의 죄에 대한 속죄제는 기본적으로 기름 부음을 받은 제사장과 같습니다. 다만 수송아지에게 안수할 때에 온 회중을 대표해서 회중의 장로들이 여호와 앞에서 그 송아지 머리에 안수하였으며 기름 부음을 받은 제사장이 이 제사를 도왔습니다.

3) 족장을 위한 제사에 관하여(22-26절)

족장을 위한 속죄제는 이전의 기름 부음을 받은 제사장과 온 회중의 속죄제와 세 가지 면에서 차이가 있습니다. 첫째, 예물의 차이입니다. 수송아지로 드려졌던 기름 부음을 받은 제사장과 온 회중의 죄를 위한 제사와 달리 족장을 위한 속죄제물은 숫염소로 드려졌습니다. 둘째, 피의 처리에 대한 차이입니다. 기름 부은 받은 제사장과 온 회중의 죄를 위해서는 제사상이 손가락으로 그 피를 찍어 여호와 앞, 휘장 앞에 일곱 번을 뿌렸으나 족장을 위한 제사, 더 나아가 평민의 한 사람을 위한 제사에는 피를 뿌림이 없습니다. 또한 피를 바르는 장소의 차이로 기름 부음을 받은 제사장과 온 회중의 죄에 대해서는 성소 안 향단 뿔에 발라졌음에 반해 족장과 평민 한 사람을 위한 제사에서는 번제단 뿔에 바르고 그 피를 번제단 밑에 쏟았습니다. 셋째, 고기 처리의 차이입니다. 기름 부음을 받은 제사장과 온 회중의 속죄제를 위하여 드려졌던 수송아지의 모든 고기는 먹을 수가 없었으며 진영 바깥 재 버리는 곳인 정결한 곳에서 불살라졌습니다. 그러나 족장의 속죄제에 드려졌던 숫염소의 고기에 대한 언급은 생략되었는데 이는 속죄하는 제사장에게로 돌려졌습니다(레 7:7).

4) 평민의 한 사람을 위한 제사에 관하여(27-35절)

평민의 한 사람의 죄에 대한 속죄제는 일반적으로는 족장의 경우와 비슷하나 다만 예물의 차이로 족장의 경우에 있어서는 숫염소가 예물로 드려졌다면 평민 중의 하나를 위해서는 흠 없는 암염소 혹은 흠 없는 암컷 어린양이 제물로 드려졌습니다(27, 32절).

차이	기름 부은 받은 제사장과 이스라엘 온 회중을 위한 속죄제	족장을 위한 속죄제	평민 한 사람을 위한 제사
예물의 차이	수송아지	숫염소	암염소 혹은 암컷 어린양
피 뿌리는 장소의 차이	성소의 휘장 앞에 일곱 번 뿌림	없음	
피 바르는 기구의 차이	향단	번제단	
고기 처리의 차이	먹지 못하고 재 버리는 곳에서 불사름	제사장이 먹음 (레 7:7)	

3. 속죄제와 번제를 비교하여 봅시다.

첫째, 번제의 그리스도는 하나님의 영광과 뜻을 성취하시며 속죄제의 그리스도는 우리들의 죄의 속죄를 담당하십니다. 번제는 하나님께 자원해서 드리는 제사임에 반해 속죄제는 자원이라는 말이 없습니다. 곧 속죄제에서는 자원해서 하나님의 뜻을 성취하려는 그리스도가 아닌 우리들의 죄를 감당하신 그리스도를 보여주시는 것입니다.

둘째, 안수에 있어서 번제의 경우에는 제물을 드리는 사람이 제물에 안수하여 둘이 하나로 동일시 되지만 속죄제의 경우에는 제물을 드리는 사람의 죄를 제물의 머리 위에다가 얹어 놓는 것은 죄의 전가를 의미합니다.

셋째, 번제에서는 아론의 자손들이 언급되지만 속죄제에서는 아론의 자손들이 언급되지 않습니다. 이는 제사장의 예배와 찬양, 교회에 관한 문제가 아니라 죄에 대한 엄중한 심판의 문제이기 때문입니다.

넷째, 번제의 희생 제물은 가죽을 벗기고, 각을 뜨고, 내장과 정강이를 씻는 일이 나타나지만 속죄제에서는 이러한 상황이 빠져 있습니다. 이는 속죄제는 예수 그리스도의 인격의 고귀성 보다는 죄에 대한 증오를 보여 주기 때문입니다.

다섯째, 번제의 제물은 제물의 기름과 함께 그 제물 자체가 불살라졌지만 속죄제의 경우 단지 기름만이 불살라졌습니다. 이 기름은 하나님의 거룩성을 드러내는 것입니다. 이는 십자가 위에서 아버지 하나님께서 죄의 전가를 통해 얼굴을 돌리셨을 때 조차 찬란하게 비추었던 주 예수 그리스도의 영광의 빛을 의미하는 것입니다.

여섯째, 번제물은 제단 위에서 불살라졌으나 속죄제물은 진영 밖에서 불살라졌습니다. 속죄제물은 번제단 위에서도 불태워지지 않았으며 화목제물처럼 제사장과 예배자가 먹지 못하였으며 오직 진 밖에서 전부 태워졌습니다(기름부은 제사장과 온 회중의 죄의 경우).

"이는 죄를 위한 짐승의 피는 대제사장이 가지고 성소에 들어가고 그 육체는 영문 밖에서 불사름이니라 그러므로 예수도 자기 피로써 백성을 거룩케 하려고 성문 밖에서 고난을 받으셨느니라"(히 13:11,12)

묵상

01   나의 죄악은 어떠한 영향력을 가지고 있습니까?

02   속죄제물의 나머지 부위를 진 밖 재 버리는 곳에 버린 이유는 무엇이며 오늘날 우리들에게 어떠한 교훈을 줍니까?
     죄를 멀리하는 것이 곧 죄를 이기는 길입니다. 죄의 과거와 죄의 잔재는 불살러 버리듯이 그 자취도 없이해야 합니다. 그 누구도 죄와 함께 있어 죄를 이길 수 있는 사람은 없는 것입니다.

03   참된 속제의 제물로 드려지신 예수 그리스도를 묵상하여 봅시다. 주께서 영문 밖으로 나아가심과 하늘의 어두워지심, 저주의 나무 십자가, 하나님의 침묵...

되새김

그리스도의 오심은 더 이상 구약의 속죄제의 의미를 상실케 하였습니다. 단 한 번의 속죄제물 되신 주 예수 그리스도로 말미암아 더 이상 끝없는 제물을 가지고 하나님 앞에 나아갈 필요가 없는 것입니다. 그러나 우리들은 우리가 여전히 육체(sinful nature) 안에 살고 있음과 우리 안에 죄가 있음을 깨닫고 주의 죽으심 이후에 베푼 주의 성령을 따라 사는 삶을 배워 나가야 할 것입니다.

PART

04-2

속죄제 2
5장 1~13절

Key Point

4장에 이어 속죄제에 대한 규례가 이어집니다. 다만 4장이 부지중에 지은 죄에 대한 속죄제임에 반해 5장은 자신의 죄에 대한 자복함이 필요한 죄에 대한 속죄제에 관하여 전합니다. 더 나아가 가난한 자와 극빈자의 속죄제에 대한 규례는 속죄제의 정신이 어디에 있는가를 알게 합니다.

본문 이해

4장 1-35절과 5장 1-13절의 말씀은 같은 속죄제에 대한 말씀이면서 도 그 차이를 분별하여야 합니다.

첫째, 4장의 속죄제는 '사회-종교적 신분'의 차이에 따라 구분하였습니다. 그러나 5장의 속죄제는 '경제적 차이'에 따라 구분되었으며, 이 또한 부한 자로부터, 가난한 자에 이르는 차이가 아닌 가난한 자와 극빈자의 속죄제에 대하여 말씀하였으므로 '가난한 사람의 속죄제'로 불리기도 합니다.

둘째, 죄의 성격이 다릅니다. 4장과 5장의 보다 근본적인 차이는 단지, '신분-경제'적 차이에 의한 것이 아닌 범한 죄의 성격이 다릅니다. 즉 앞선 4장의 죄는 '금지 명령'에 대한 죄입니다. 이는 십계명의 '~하지 말라'라는 계명과도 같습니다. 그러나 5장의 죄는 금지 명령에 대한 죄가 아닌 '실행 명령'에 대한 죄들입니다. 마땅히 행하여야 하는 죄에 대하여 하지 않음에 대한 죄에 대한 것이며 이에 대해서는 자복함이 필요합니다[15].

---

15) 정중호, 『레위기 만남과 나눔의 장』(서울: 한들출판사, 1999), 95쪽.

셋째, 죄의 의도성의 차이입니다. 4장의 죄는 '비고의성'으로 나타납니다. 비록 5장의 죄들 또한 적극적인 의도성을 가지는 것은 아니나 4장에 비해서는 '고의성'을 가진 죄들임을 알 수 있습니다.

■ 레위기 5장-13절 구조적 이해

레 5:1-4: 4가지 특수한 경우의 속죄제

레 5:5-6: 특수한 경우의 속죄제의 절차

레 5:7-10: 가난한 자를 위한 속죄제-비둘기로 드림

레 5:11-13: 극빈자를 위한 속죄제-곡식으로 드림

1. 속죄제를 드려야 하는 네 가지 유형에 관하여 살펴봅시다(1-4절).

4장1-5장13절은 속죄제에 대한 말씀입니다. 속죄제에 대한 말씀은 크

게 세 부분으로 나누어져서 4장1-35절, 4장 전체의 말씀이 한 단락으로 속제제의 규례에 대한 말씀이며, 5장1-6절은 속죄제를 드려야 하는 4가지 경우에 관하여, 마지막 5장7-13절은 가난한 자들을 위한 속죄제 규례로 나누어집니다.

4장의 속죄제에 해당하는 죄의 경우는 부지중의 죄들입니다(4:2, 3, 13, 22, 27)[16]. 그러나 5장의 죄는 부지중의 죄가 아닌 고의적인 죄들에 관한 말씀입니다. 4장의 속죄제를 드리는 경우가 부지중이라는 사실은 고의적인 죄에 대해서는 속죄제를 드릴 수 없음을 나타내는 것입니다. 하지만 원칙적으로 고의적인 죄에 대해서는 속죄제를 드릴 수 없으나 4-5절에서 보는 바와 같이 자신의 잘못을 깨닫고 이에 대한 자복이 있을 때에는 고의적인 죄를 부지중의 죄와 같이 인정함을 받아 속죄제의 길이 열리게 되는 것입니다(5절).

첫째, 불의한 묵비권의 사용입니다(1절). 저주하는 소리는 재판장이 거짓 진술을 하는 자에게 선포하는 것으로 진실을 요구하는 것입니다. 그럼에도 불구하고 증인이 되어 그가 본 것이나 알고 있는 것을 알리지 아니하면 이것은 자기에게 죄와 허물이 되는 것입니다. 증언의 거부는 공모일 때나, 우정이나 수치나 두려움으로 말미암은 것이나 아니면, 무관심일 수 있습니다. 어떠한 경우이든 증언의 거부로 진실이 왜곡되어

---

16) 정중호, 『레위기 만남과 나눔의 장』(서울: 한들출판사, 1999), 95쪽.

지는 것은 죄와 허물이 되는 것입니다.

둘째, 부정한 들짐승의 사체, 부정한 가축의 사체, 부정한 곤충의 사체를 만지고 그 사실을 잊고 정결 의식을 행하지 아니한 경우를 뜻합니다. '부지중'이라는 번역은 본문의 뜻을 바르게 담지 못하여, 오해의 여지가 있습니다. 곧 보다 분명하게 '부지중'의 의미를 가진 4장2절, 22절, 27절의 '쉬가가'와 달리 5장2절의 '부지중'의 원어는 '알람'으로 4장13절과 더불어 '눈으로부터 감추어졌다', '잊어버렸다'라는 의미를 가집니다. 4장13절의 '알람'은 '비고의성'을 강조하나 5장3절의 '알람'은 부정에 대한 정결 의식을 행하지 않음의 '고의성'을 담고 있습니다.

셋째, 어떤 사람의 부정에 닿았으나 두 번째 경우와 같이 정결 의식을 행하지 아니하고 부정하게 됨을 잊어버렸으나 깨닫고 죄책감을 가지게 됨을 가르킵니다.

넷째, 경솔한 맹세를 한 경우로 그가 깨닫지 못하다가(알람) 깨닫고(야다) 죄책감을 가지게 됨을 가르킵니다(아샴). 여기서 깨닫지 못한 것은 맹세를 한 것을 가르키는 것이 아닌 맹세한 것을 실행하지 않음을 뜻하는 것입니다.

2. 자신의 허물 곧 죄책감에 자복함을 살펴봅시다(4-5절).
'알람'은 자신의 허물을 깨닫지 못하는 것이나 이제는 깨닫고(야다)

죄책감을 가지게 되었습니다(아샴). 아샴은 죄책감을 가지는 내적인 상태로 이제 외적으로 고백되어져야 하는데 이를 '히트와다' 곧 '자백', '자복'을 의미하는 것입니다. 속죄제를 드림에 앞서 내적인 죄책감의 아샴과 외적인 자복인 히트와다가 먼저 선행되어야 하는 것입니다.

고의적인 죄에 대한 속죄제				
알람	야다	아샴	히트와다	하타아트
깨달지 못함	깨달음	죄책감	자백	속죄제

3. 자복한 자를 위한 속죄제를 살펴봅시다(6절).

자신의 죄를 깨닫고 죄책감을 가지고 자복하는 자를 위하여 제사장은 그 제사를 도와 양 떼의 암컷 어린 양이나 염소를 끌어다가 속죄제를 드립니다.

4. 가난한 자를 위한 속죄제 규례를 살펴봅시다(7-10절).

7-10절은 가난한 자를 위한 속죄제의 규례를 전합니다. 만일 그 힘이 어린 양을 바치는 데에 미치지 못하면 그가 지은 죄를 속죄하기 위하여 산비둘기 두 마리나 집비둘기 새끼 두 마리를 여호와께로 가져가되 하나는 속죄제물을 삼고 하나는 번제물을 삼았습니다. 두 마리의 새 중에 첫 번째 새는 속죄제를 위한 제물로 드려졌습니다. 비록 새의 피의 양이 적기나 하나 반드시 속죄제물의 피를 제단 곁에 뿌리고 그 남은 피는 제단 밑에 흘렸습니다. 일반적으로 속죄제물의 새는 번제 때에 드리는 형식으로 하나님 앞에 드려졌는데 이는 새에서 속죄제의 기름을 분리하기가 어

려웠으므로 한 마리 전체를 번제의 형식으로 하나님께 속죄의 제물로 드렸습니다. 번제와 다른 것은 번제의 제물로서의 새의 피는 제단 곁에 흘리었으나 비록 적은 새의 피라 할지라도 속죄제 새의 피는 제단 곁에 뿌리고 그 남은 피를 제단 밑에 흘렸습니다. 족장을 위한 제사와 평민 한 사람을 위한 제사의 제물의 피는 뿌림이 없이 번제단의 뿔들에 발랐으나 가난한 자를 위한 속죄제의 새의 피는 양이 작으므로 제단의 뿔들에 바르지 않고 대신 뿌림과 흘림으로 대신하였습니다.

속죄제를 위한 새를 드린 후에 나머지 한 마리의 새로 번제를 드렸습니다. 하나님께 우리가 예배할 수 있는 것은 오직 우리의 죄가 사함을 받은 후가 되는 것입니다.

5. 극빈자를 위한 속죄제를 살펴봅시다(11-13절).

가난한 자를 위한 규례에 이어 더욱 가난함 즉, 극빈자를 위한 속죄제의 규례입니다. 만일 그의 손이 산비둘기 두 마리나 집비둘기 두 마리에도 미치지 못하면 그의 범죄로 말미암아 고운 가루 십분의 일 에바를 예물로 가져다가 속죄제물로 드렸습니다. 소제에는 고운 가루에 기름을 붓고 유향을 놓으나 속죄제물의 고운 가루에는 기름을 붓거나 유향을 놓지 않습니다.

고운 가루를 속죄제물로 드리는 자가 그 예물을 제사장에게 가져가면 제사장은 그것을 기념물로 한 움큼을 가져다가 제단 위 여호와의

화제물 위에서 불살랐습니다. 기념물로 올린 한 움큼 외의 나머지는
소제물과 같이 제사장에게 돌려졌습니다.

묵상

01 4가지 죄의 특징은 무엇입니까?

02 '아샴'과 '히트와다'에 관하여 나누어 봅시다.

03 가난한 자와 극빈자를 위한 속죄제의 교훈을 나누어 봅시다.

되새김

죄의 용서함을 받기 위해서는 먼저 우리의 죄를 알아야 합니다. 자신의 죄에 대한 깨달음, 앎이 없이 더 나아가 그 죄에 대한 죄책감과 고백이 없이는 속죄제가 아무런 의미가 없는 것입니다. 오늘날 그리스도인들은 죄에 대한 분별함도 없고, 깨달음도 없고, 죄책감도 없고, 고백도 없는 속죄제를 구하나 이는 결코 성경적이지 않습니다. 우리는 우리의 죄에 대한 죄책감과 더불어 자복하므로 죄의 사함을 받아야 할 것입니다.

PART

05

속건제
5장14~6장7절

Key Point

이번 과는 5대 제사의 마지막 소개로 속건제에 관하여 전합니다. 속죄제는 속제를 목적으로 하나 속건제는 배상을 주목적으로 합니다. 속죄는 배상없이 주어지지 않습니다. 그러나 속건제의 규례에도 역시 은혜와 자비가 나타납니다. 하나님께서는 심판중에서도 자비와 긍휼을 잊지 않으십니다.

본문 이해

5장14절의 말씀은 새로운 시작을 의미합니다. "여호와께서 모세에게 말씀하여 이르시되"(14절) 이는 1장1절과 4장1절에 이어 레위기에서 세 번째 나타나는 구절이 됩니다. 앞서 번제, 소제, 화목제와 4장1절의 말씀으로 속죄제와 속건제가 구분되어지며 다시 한번 5장14절의 말씀을 통하여 속건제가 구분됩니다.

5장14-6장7절의 속건제에 관한 말씀은 속건제를 드리는 경우에 관하여 전하며 구체적인 속건제의 내용에 관한 말씀은 제사장들에게 주시는 말씀 가운데 7장1-10절의 말씀을 통해서 알 수 있습니다.

■ 레위기 5장14-6장7절 구조적 이해
  레 5:14: 머리말
  레 5:15-16: 여호와의 성물에 대한 속건제
  레 5:17-19: 여호와의 계명에 대한 속건제
  레 6:1-7: 이웃에 대한 속건제

1. 속건제는 어떠한 제사입니까?
  속건제는 손해 배상을 전제로 한 제사입니다. 속건제를 드리는 세 가지 유형으로는 첫째, 여호와의 성물에 대하여 부지중에 범죄한 때(5장

15-16절) 둘째, 여호와의 계명 중 하나를 부지중에 범한 때(5장17-19절) 셋째, 여호와께 신실하지 못하여 범죄하되 이웃에게 범죄했을 때입니다(6장1-7절). 즉 속건제는 크게 하나님과의 관계와 사람과의 관계로 나누어집니다.

2. 여호와의 성물에 대한 부지중의 범죄함을 살펴봅시다(15-16절).

성경은 하나님께 범죄한 경우와 사람에게 범죄한 경우에 각기 다른 단어로 구분합니다. 하나님께 범죄한 경우에는 '마알'이라는 단어를 쓰고 사람에게 대하여 범죄한 경우에는 '하타아트'를 씁니다. 이 경우에는 하나님께 범죄한 '마알'의 경우로 여호와의 성물에 대한 '부지중'에(쉬가가) 범죄한 경우이므로 속죄제, 속건제의 일반적인 경우와 같이 부지중의 범죄에 대한 속건제입니다. 여호와의 성물은 하나님께 봉헌된 예물로, 제물, 첫 열매, 십일조 등이 그릇 사용됨을 의미합니다. 여호와의 성물에 대한 그릇됨은 속건제를 통해서 사함을 받습니다. 이 경우의 속건제는 성소의 세겔로 몇 세겔 은에 상당한 흠 없는 숫양을 양 떼 중에서 끌어다가 속건제로 드려서 성물에 대한 잘못을 보상하되 그것에 오분의 일을 더하여 제사장에게 주며 제사장은 그 속건제의 숫양으로 그를 위하여 속죄한 즉 그가 사함을 받습니다. 도둑질을 한 경우에는(출 22장1-4절) 그것이 살아 있을 때에는 두 배, 팔아 없어질 때에는 네 배(양의 경우), 다섯 배(소의 경우)를 갚아야 했으나 성물에 대한 배상을 20%로 가볍게 하신 이유는 우리를 위한 배려로 하나님께 향한 배상을 자발적으로 하시기 위함이 됩니다.

3. 여호와의 계명 중 하나를 부지중에 범함을 살펴봅시다(17-19절).

앞선 4장부터 반복적으로 나오던 '쉬가가' 곧 '우발적으로', '부지중'에 라는 말씀은 비고의성에도 불구하고 법을 아예 알지 못하는 경우가 아닌 법은 알지만 게으르거나 소홀함을 통해서 일어날 수 있는 범법함을 가르 킵니다. 그러나 본 단락에서 부지중은 '로 야다'로서 부정을 의미하는 '로' 와 '알다'라는 '야다'의 합성어로 이는 알지 못함으로 저지른 잘못을 의미 합니다. 그러나 말씀은 만일 누구든지 여호와의 계명 중 하나를 부지중에 범하여도 허물이라 벌을 당할 것이라 하였습니다. 19절은 이에 대하여 강 조하여 그가 여호와 앞에 참으로 잘못을 저질렀음을 반복합니다. 그는 모 세가 지정한 가치대로 양 떼 중 흠 없는 숫양을 속건제물로 제사장에게로 가져가 그 부지중에 범죄한 허물을 위하여 속죄한 즉 그가 사함을 받았습 니다. 이는 속건제입니다. 이 속건제의 특징은 20%의 배상이 없습니다.

4. 여호와께 신실하지 못하여 범죄하되 이웃에게 대하여 범죄함에 대한 속 건제를 살펴봅시다(6장1-7절).

6장1절의 말씀은 속건제 사이에서도 하나님께 향한 범죄함과 사람에 게 향한 범죄함에 대하여 구별합니다(레 1:1-2, 4:1, 5:14, 6:1). 이제 누 구든지 여호와께 신실하지 못하여 범죄한 경우에 관한 속건제에 관하여 가르칩니다. 곧 이웃이 맡긴 물건이나 전당물을 속이거나 도둑질하거나 착취하고도 사실을 부인하거나 남의 잃은 물건을 줍고도 사실을 부인하 여 거짓 맹세하는 등 사람이 이 모든 일 중의 하나라도 행하여 범죄하면 이는 죄를 범하였고 죄가 있는 자로 그 훔친 것이나 착취한 것이나 맡은 것이나 잃은 물건을 주운 것이나 그 거짓 맹세한 모든 물건을 돌려 보내되 그 본래 물건에 오분의 일을 더하여 돌려줄 것이며 그가 죄책감을 느끼는 날에 그 주인에게 줄 것입니다. 그는 또 그 속건제물을 모세가 지정한 가치대로 양 떼 중 흠 없는 숫양을 속건제물을 위하여 제사장에게로 끌고 갈 것입니다. 제사장은 여호와 앞에서 그를 위하여 속죄한즉 죄책감을 느끼는 그의 모든 행위가 사함을 받을 것입니다.

5. 속건제의 120% 배상이 주는 교훈은 무엇입니까?

속건제가 단지 20%만 더하여 배상하게 함은, 과도한 배상으로 말미암아 배상하는 사람에게 가중한 책임을 부과할 경우 도리어 배상을 회피하게 되며 이는 배상의 책임이 있는 자를 배상의 무거움으로 정상적인 삶으로 돌아오는 길을 막음이 되는 것입니다. 그러므로 배상을 단지 20%로 가볍게 함은 형벌과 심판을 위한 것이 아닌 사랑과 자비의 정신을 담고 있는 것입니다.

6. 속건제가 속죄제와 다른 점은 무엇입니까?

첫째, 속건제는 손해를 끼친 것에 대하여 5분의 1을 덧붙여 보상합니다. 속죄제는 제사의 목표가 속죄에 있었지만 속건제는 제사의 목표가 배상에 있었습니다. 둘째, 제물은 숫양에 국한됩니다. 셋째, 속건제는 회중 제사가 아닌 개인 제사입니다.

묵상

01 속건제의 배상에 관하여 나누어 봅시다(사랑과 배상의 관계).

02 하나님과 이웃에 대한 배상과 속건제에 관하여 나누어 봅시다.

03 배상의 20%(5분의 1)가 주는 교훈에 관하여 나누어 봅시다.

되새김

배상은 상식적인 것입니다. 배상 없는 사랑과 용서는 더욱 무자비한 잘못된 요구입니다. 배상은 너무 무겁지 않은 범주에 있습니다. 그러나 이는 다만 비고의적인 것이나 혹 죄책감을 가지고 고백되어질 때입니다. 자신의 죄에 대한 죄책감이나 고백이 없는 자에게는 다만 형벌만이 있을 뿐입니다.

06

각 제사의 규례 1
6장8~30절

Key Point

6장8-7장38절은 아론과 그의 아들들이 알아야할 제사의 규례에 관하여 전합니다. 이는 단지 제사장이 알아야 할 규례가 아닌 제사의 정신을 제사장에 대한 가르침을 통하여 밝히고 있는 것입니다. 이번 과에서는 번제와 소제와 속죄제에 관하여 아론과 그의 아들들이 알아야 할 규례에 관하여 다룹니다.

본문 이해

　레위기 1장1-6장7절과 6장8-7장38절을 비교하면, 전자는 이스라엘 자손을 대상으로 주어졌습니다. 1장2절과 4장2절은 구체적으로 그 대상을 밝히고 있는 것입니다. "이스라엘 자손에게 말하여 이르라" 그러나 후자는 제사장들의 역할에 초점을 맞추고 있습니다. 6장8절은 "아론과 그 자손에게 명령하여 이르라"로 시작하고 있습니다. 6-7장에 나타나는 거의 대부분의 규례들은 제사장들이 알아야 하는 사항입니다. 전자는 일반 백성들이 알아야 할 사항들, 즉 어떤 경우 무슨 제사를 드려야 하는지 각각의 제사에 어떤 동물을 드려야 하는지에 관심이 있는 반면, 후자는 제사장들이 알아야 하는 사항들 즉, 제사장은 어떤 절차로 제사의식을 거행해야 하며, 제물의 어떤 부분을 번제단에서 태워야 하는지를 밝히고 있습니다.

■ 레위기 6장8-30절 구조적 이해

　레 6:8-13: 번제의 규례

　레 6:14-18: 소제의 규례

　레 6:19-23: 대제사장이 매일 드리는 소제 규례

　레 6:24-30: 속죄제의 규례

1. 번제를 드리는 규례에 있어 아론과 그의 자손이 알아야 할 바를 살펴봄

시다(8-13절).

아론과 그의 자손이 알아야 할 번제에 대한 규례는 다음과 같습니다.

① 번제물은 아침까지 제단 위에 있는 석쇠 위에 두고 제단의 불이 그 위에서 꺼지지 않게 할 것입니다. 상번제로 아침과 저녁에 드리는 번제에서 저녁에 드리는 번제물은 그 다음날 아침까지, 아침에 드리는 번제물은 그 날 저녁까지 계속 타고 있어야 합니다. 그러므로 모든 제사는 이러한 상번제의 번제물 위에 드려지게 되는 것입니다.

② 제사장은 세마포 긴 옷을 입고 세마포 속바지로 하체를 가리고 제단 위에서 불태운 번제의 재를 가져다가 제단 곁에 두고 그 옷을 벗고 '다른 옷'을 입고 그 재를 진영 바깥 정결한 곳으로 가져가야 합니다. '다른 옷'은 평상복으로 제사장은 성막 밖에 나갈 때에 평상복을 입었습니다(겔 42:14, 44:19).

"제사장의 의복은 거룩하므로 제사장이 성소에 들어갔다가 나올 때에 바로 바깥뜰로 가지 못하고 수종드는 그 의복을 그 방에 두고 다른 옷을 입고 백성의 뜰로 나갈 것이니라 하더라"(겔 42:14)

"그들이 바깥뜰 백성에게 나갈 때에는 수종드는 옷을 벗어 거룩한 방에 두고 다른 옷을 입을지니 이는 그 옷으로 백성을 거룩하게 할까 함이라"(겔 44:19)

제사장은 평상복을 입고 제사를 드릴 수 없음과 같이 예복을 입고 일상 생활을 하여서는 안되었습니다. 이는 제사장직의 거룩한 직무에 관련된 것입니다.

③ 제단 위의 불은 항상 피워 꺼지지 않게 합니다. 제사장은 아침마다 나무를 그 위에서 태우고 번제물을 그 위에 벌어놓고 화목제의 기름을 그 위에서 불사르며 불은 끊임없이 제단 위에 피워 꺼지지 않게 합니다. 번제의 규례에 있어서 세 번이나 제단의 불이 꺼지지 않게 하라 명하심은(레 6:9, 12, 13) 이 사역의 엄중성을 잘 나타냅니다.

성막에서는 세 가지 꺼지지 말아야 할 것에 관하여 가르칩니다. 곧 번제단의 불과 등대의 불과(출 27:20) 향단의 향입니다(출 30:8). 이는 하나님의 변함이 없고 끊어지지 않는 은혜와 동시에 이에 대한 응답으로 성도의 충성과 헌신을 보이는 것입니다.

2. 소제를 드리는 규례에 있어 아론과 그의 자손이 알아야 할 바를 살펴봅시다(14-23절).

소제의 규례는 14-18절과 19-23절로 나누어집니다. 14-18절은 앞선 2장의 내용의 반복처럼 보입니다. 그러나 중요한 원리를 담고 있습니다. 기념물로 드린 소제물 외에 나머지는 아론과 그의 자손이 먹되 누룩을 넣어 굽지 말고 거룩한 곳 회막 뜰에서 먹어야 했습니다. 소제의 예물은 하나님께서 아론과 그의 자손에게 주어 그들의 소득이 되게 하신 것으로 속죄제와 속건제와 같이 지극히 거룩합니다.

비록 소제물은 제사장에게 주어졌다고 할지라도 이는 하나님께 드려진 성물이므로 끝까지 거룩하게 여겨지게 됩니다. 이러한 거룩성은 이 소제물에 누룩을 넣을 수 없음과 거룩한 곳에서 먹음과 하나님께서 그들에게 주신 소득이 되게 하신 것으로 속죄제와 속건제 같이 지극히 거룩하다 하심에 있습니다.

19-23절은 제사장의 소제에 관하여 전합니다. 제사장 위임식은 일주일 동안 거행되는데 전승에 의하면, 제사장의 소제는 일주일 기간이 다 끝나고 직무가 시작되어지는 제8일에 드려졌습니다. 아론과 그의 자손이 기름 부음을 받는 날에 여호와께 드릴 예물로 고운 가루 10분의 1 에바를 '항상 드리는 소제물'로 삼아 그 절반은 아침에, 절반은 저녁에 드리되 그것을 기름으로 반죽하여 철판에 굽고 기름에 적셔 썰어서 소제로 여호와께 드렸습니다.

소제는 자원제로 드려지나 상번제와 더불어 제사장은 상번제물 위에 항상 소제 예물을 드려야 했습니다. 이는 보통이 사람들보다 제사장에게 더 큰 헌신과 충성을 가르치시는 것입니다. 제사장의 모든 소제물은 온전히 불사르고 먹을 수 없습니다(23절).

3. 속죄제를 드리는 규례에 있어 아론과 그의 자손이 알아야 할 바를 살펴

봅시다(24-30절).

속죄제물은 지극히 거룩하여 여호와 앞 번제물을 잡는 곳에서 그 속죄제 제물을 잡았습니다. 이는 회막 북쪽 뜰로 예루살렘 성전 북쪽 갈보리 산에서 대속제물로 죽임을 당하신 예수 그리스도를 예표합니다.

속죄제물로 드려지는 소는 기름 부음 받은 제사장과 온 회중의 죄를 속하기 위하여 잡혀져 그 피가 성소의 향단에 뿌려졌으므로 그 죄의 크기로 말미암아 그 고기 또한 먹지 못하였으나 족장이나 평민을 위한 대속을 위하여 드려졌던 숫염소나, 암염소, 암양 등은 화목제와 같이 그 기름은 드려지고 나머지는 제사장이 먹을 수 있었습니다. 그러나 제사장은 이 또한 먹되 회막 뜰 거룩한 곳에서 먹어야 했습니다.

속죄제물의 거룩함은 그것이 잡히는 장소와 먹는 장소뿐만 아니라 그 고기와 그 피와 요리함에 있어서도 거룩하게 다루어졌습니다. 즉 그 고기에 접촉하는 모든 자는 거룩하였으며 그 피가 어떤 옷에든지 묻었으면 묻은 그것을 거룩한 곳에서 빨아야 했습니다. 요리함에 있어서, 그 고기를 토기에 삶았으면 그 기름과 냄새 등을 완전히 제거하는 것이 불가능하므로 그 그릇을 깨뜨려야 했으며 유기에 삶았으면 그 그릇을 닦고 물에 씻어야 했습니다.

묵상

01 번제 규례의 교훈을 나누어 봅시다.

02 소제 규례의 교훈을 나누어 봅시다.

03 속죄제 규례의 교훈을 나누어 봅시다.

되새김

번제와 소제와 속죄제의 규례는 제사장은 더 큰 헌신과 충성과 거룩함을 가져야 함을 가르칩니다. 헌신과 충성과 거룩함을 가르치는 직분을 맡은 자가 정작 자신이 갖추어야 할 헌신과 충성과 거룩함을 잊어서는 안 될 것입니다.

PART

07

각 제사의 규례 2
7장1~38절

Key Point

6장8-7장38절은 아론과 그의 아들들이 알아야할 제사의 규례에 관하여 전합니다. 이는 단지 제사장이 알아야 할 규례가 아닌 제사의 정신을 제사장에 대한 가르침을 통하여 밝히고 있는 것입니다. 이번 과에서는 속건제와 화목제에 관하여 아론과 그의 아들들에게 전하며 이스라엘 자손까지 알아야 할 바에 관하여 전합니다.

본문 이해

아론과 그 자손에게 주시는 번제, 소제, 속죄제에 관한 규례에 이어 마지막으로 속건제와 화목제에 관한 규례의 말씀입니다. 앞선 속건제에 관한 말씀은 속건제를 드리는 경우에 관하여 전하였습니다. 즉 속건제를 드리는 경우는 세 경우로 1. 여호와의 성물에 대한 속건제(레 5:15-16), 2. 여호와의 계명에 대한 속건제(레 5:17-19), 3. 이웃에 대한 속건제(레 6:1-7)였습니다. 이제 7장에서의 속건제는 속건제의 구체적인 의식에 관하여 전합니다.

마지막으로 언급되어지는 화목제는 화목제의 세 가지 목적 중에 첫 번째로 감사제를 중심으로 하여서 교훈하며, 나머지 서원제와 낙헌제는 22장에서 전합니다.

■ 레위기 7장1-38절 구조적 이해

레 7:1-10: 속건제의 규례
레 7:11-21: 화목제의 규례
레 7:22-27: 기름과 피의 식용 금지
레 7:28-36: 화목제와 제사장의 몫
레 7:37-38: 맺음말

1. 속건제를 드리는 규례에 있어 아론과 그의 자손이 알아야 할 바를 살펴봅시다(1-10절).

속건제의 앞선 규례는(레 5:14-6:7) 속건제의 드리는 경우만 언급될 뿐, 구체적인 규례에 관하여서 제시되지 않았습니다. 그러나 이제 제사장에게 주시는 말씀에서 속건제 규례에 관한 구체적인 내용에 관하여 전합니다.

"속건제의 규례는 이러하니라 이는 지극히 거룩하니"(1절)

속건제의 제물은 지극히 거룩합니다(1절). 드려지는 예물이 지극히 거룩함은 이 제사의 엄중성을 잘 드러내는 것입니다. 속건제는 결코 사사로이 행하여져서는 안되는 거룩한 예식이 되는 것입니다.

"번제물을 잡는 곳에서 속건제의 번제물을 잡을 것이요 제사장은 그 피를 제단 사방에 뿌릴 것이며"(2절)

속건제의 제물을 드리는 방식은 번제물과 동일한 부분이 있습니다. 그러므로 속건제물을 잡음에 있어서 번제물을 잡는 곳에서 잡음을 상기시키는 것입니다. 곧 속건제물과 번제물은 같은 곳에서 제물을 잡으며, 그 피를 제단 사방에 뿌림에 있어서 동일하며, 마지막으로 드려지는 제물이 동일합니다. 번제의 경우에는 소나, 양이나 염소, 새가 드려질 수 있었으나 속건제의 경우에는 오직 숫양으로만 드려졌습니다. 3

절의 드려지는 부위는 이것이 바로 숫양임을 잘 나타냅니다(레 3:9, 5:18, 7:3).

"그 기름을 모두 드리되 곧 그 기름진 꼬리와..."(3절)

■ 속죄제와 속건제의 차이

1. 드리는 제물의 차이입니다. 속죄제는 드리는 사람의 신분의 따라 제물의 종류가 달라지나 속건제는 숫양으로 동일합니다. 즉 평민 한 사람의 경우에 속죄제는 암양을 드리나 속건제는 모든 경우에 숫양을 드립니다.

2. 피의 처리의 차이입니다. 속죄제에서도 소, 새의 경우에는 피를 뿌리나 수염소와 암양의 경우에는 뿌리지 않고 바르나 속건제에서는 숫양의 피를 제단 사면에 뿌립니다.

■ 속죄제에 속건제의 공통점

1. 드리는 부위의 공통점입니다. 속죄제와 속건제에서는 양의 경우에 동일한 부위로 하나님께 드립니다.

2. 제물의 처리의 공통점입니다. 속죄제와 속건제에서는 양의 경우에 동일하게 제사장 남자들이 거룩한 곳에서 먹었습니다.

속죄제와 속건제의 규례는 하나님께 드리는 화제의 부분 및 나머지를 제사장이 먹음에 있어서 동일하였습니다. 단 속죄제의 경우 기름부음을 받은 제사장의 죄와 온 회중의 죄를 대속하기 위한 '수송아지'는 기름을 제외한 나머지는 진 밖, 재 버리는 곳에서 전부 불태웠으므로 먹을 수 있는 부위가 없었습니다.

추가적으로 제사장이 몫으로는 족장과 평민의 대속을 위한 제물과 속건제의 제물, 더 나아가 아침과 저녁에 드리는 상번제로서의 번제가 아닌, 하나님께 헌신과 충성을 의미하는 개인적인 번제일 경우에는 제사장은 그 드린 번제물의 가죽을 가졌습니다(8절). 또한 화덕에 구운 소제물과 냄비에나 철판에서 만든 소제물은 모두 그 드린 제사장에게로 돌아갔습니다. 이 소제물은 소제를 드리는 두 번째 방법, 즉 요리를 하여 드리는 방법으로서 그 양이 많지 않음으로 소제를 도왔던 제사장의 몫이 됩니다(9절). 그러나 소제의 다른 첫 번째 방법과 세 번째가 되는 소제물에 기름 섞은 것이나 마른 것은 그 양이 많았으므로 모두 아론의 모든 자손이 균등하게 분배하였습니다(10절).

2. 화목제물의 규례에 있어 아론과 그의 자손이 알아야 할 바를 살펴봅시다(11-21절).

화목제물은 크게 세 가지 경우에 드려졌습니다. 감사제, 서원제, 자원제입니다.

먼저 감사제로, 만일 감사함으로 화목제를 드리고자 할 때에는 기름 섞은 무교병과 기름 바른 무교전병과 고운 가루에 섞어 구운 과자를 그 감사제물과 함께 드리고 특별하며, 특이하게도 유교병을 화목제의 감사제물과 함께 그 예물로 드리되 그 전체의 예물 중에서 하나씩 여호와께 거제로 드리고 그것을 화목제의 피를 뿌린 제사장들에게로 돌렸습니다. 화목제의 유교병을 드림은 곧 죄된 인생을 하나님께서 받아주심을 뜻하며 이는 다른 소제와 같이 제단 위에 올리지 않고 거제로 드렸습니다.

감사함으로 드리는 화목제물의 고기는 드리는 그 날에 먹었으며 조금이라도 이튿날 아침까지 두지 말아야 했습니다.

화목제의 다른 두 제사로, 서원제나 자원제의 경우에는 그 제물을 드린 날에 먹으며 그 남은 것은 이튿날에도 먹을 수 있으나 셋째 날까지 남아 있으면 불살랐습니다. 만일 그 화목제물의 고기를 셋째 날에 조금이라도 먹으면 그 제사는 기쁘게 받아들여지지 않을 것이며 드린 자에게도 예물답게 되지 못하고 도리어 가증한 것이 됩니다. 그것을 먹는 자는 그 죄를 짊어지게 되는 것입니다.

감사제로 드려지는 화목제물의 고기는 이튿날까지 남겨 두지 말아야 하는 이유는 무엇일까요? 하나님 앞에 드리는 감사는 결코 미룰 수 있는 것이 아닙니다. 지금 이 순간, 오늘 감사하지 못할 때에 우리는 진정

감사할 수 없는 것입니다.

감사제 다음으로 서원제와 낙헌제에 관한 말씀은 레위기 22장17-25절의 말씀에서 이어집니다.

계속되어지는 화목제 고기에 대한 규례로, 그 고기가 부정한 물건에 접촉되었으면 먹지 말고 불살랐습니다(레 7:19). .

화목제 고기는 깨끗한 자만 먹어야 했습니다. 만일 몸이 부정한 자가 여호와께 속한 화목제물의 고기를 먹으면 그 사람은 자기 백성에서 끊어질 것이며 만일 누구든지 부정한 것 곧 사람의 부정이나 부정한 짐승이나 부정하고 가증한 무슨 물건을 만지고 여호와께 속한 화목제물의 고기를 먹으면 그 사람도 자기 백성에서 끊어졌습니다.

거룩하신 하나님께 드려진 제물 또한 거룩합니다. 그러므로 그 거룩함이 훼손되어진다면 그 제물은 불살라져야 하는 것이며 화목제는 거룩하신 하나님 앞에서 거룩한 제물을 거룩한 자들의 나눔이 되어야 하는 것입니다. 정결법상의 부정한 자가 거룩한 제물의 고기를 먹으면 이는 자기 백성에서 끊어지는 것이며 이는 하나님의 자녀로서의 특권의 상실을 의미하는 것입니다.

3. 기름과 피의 식용을 금지함을 살펴봅시다(22-27절).

아론과 그의 자손에게 명령하던 규례에 대한 말씀(레 6장8-7장38절)에서 잠시 벗어나 이스라엘 자손에게 전하시는 말씀입니다. 이미 앞서 식용 금지에 관하여 말씀하셨던 기름과 피에 대한 말씀을 더욱 구체적으로 전합니다(레 3:17).

"너희는 기름과 피를 먹지 말라 이는 너희의 모든 처소에서 너희 대대로 지킬 영원한 규례니라"(레 3:17)

소나 양이나 염소의 기름은 먹지 말라 하셨습니다. 이와같은 짐승의 기름은 힘과 능력을 상징하며 모든 힘과 능력은 하나님께 속함을 고백하는 것입니다. 스스로 죽은 것의 기름이나 짐승에게 찢긴 것의 기름은 다른 데로 쓸 수 있으나 이 또한 먹을 수 없었습니다. 더욱이 사람이 하나님께 화제로 드리는 제물의 기름을 먹으면 그 먹는 자는 자기 백성 중에서 끊어졌습니다.

기름에 대한 말씀과 더불어 피의 식용을 강력하게 금지합니다. 새나 짐승의 피나 무슨 피든지 먹지 말아야 했습니다. 무슨 피든지 먹는 사람이 있으면 그 사람은 다 자기 백성 중에서 끊어졌습니다.

4. 화목제물 중에서 제사장이 받을 소득에 관하여 살펴봅시다(28-36절).
계속되는 이스라엘 자손에게 향하신 말씀으로 화목제물의 제사장의 몫은 단지 제사장만이 아닌 모든 이스라엘 자손이 알아야 할 바입니다.

화목제물을 여호와께 드리려는 자는 화목제물 중에서 그의 예물을 여호와께 가져오되 그 사람이 자기 손으로 가져오며 곧 그 제물의 기름과 가슴을 가져올 것이며 제사장은 그 가슴을 여호와 앞에 흔들어 요제를 삼고 그 기름은 제단 위에서 불사르며 가슴은 아론과 그의 자손에게 돌렸습니다. 또한 화목제물의 오른쪽 뒷다리를 제사장에게 주어 거제로 삼았으며 아론의 자손 중에서 화목제물의 피와 기름을 드리는 자는 그 오른쪽 뒷다리를 자기의 소득으로 삼았습니다. 하나님께서는 이스라엘 자손의 화목제물 중에서 그 흔든 가슴과 든 뒷다리를 가져다가 아론과 그의 자손에게 주셨으니 이는 아론과 그의 자손이 이스라엘 자손에게서 받을 영원한 소득입니다.

화목제의 제사장의 몫	대상	제사 방식
가슴	아론과 그의 자손	요제
오른 뒷다리	화목제물의 피와 기름을 드리는 자	거제

5. 번제와 소제와 속죄제와 속건제와 위임식과 화목제 규례의 맺음말을 살펴봅시다(37-38절).

"이는 번제와 소제와 속죄제와 속건제와 위임식과 화목제의 규례라 여호와께서 시내 광야에서 이스라엘 자손에게 그 예물을 여호와께 드리라 명령하신 날에 시내 산에서 이같이 모세에게 명령하셨더라"(레

7:37-38)

　레위기 1-7장, 레위기의 1부에 해당되는 부분의 맺음말로서 하나님께서 시내 광야에서 이스라엘 자손에게 그 예물을 여호와께 드리라 명령하신 날에 시내 산에서 이같이 모세에게 명령하셨습니다. 한편 레위기 1-7장에서는 번제와 소제, 속죄제, 속건제, 화목제에 대한 규례만 전할 뿐 위임식에 대한 말씀은 없었으나 위임식에 대한 말씀은 이미 출애굽기 29장1-37절에서 전하신 바 있습니다.

묵상

01 화목제의 감사제와 서원제, 자원제에 관하여 나누어 봅시다.

02 하나님께 드리는 예물의 거룩함에 관하여 나누어 봅시다.

03 기름과 피의 식용 금지가 주는 교훈은 무엇입니까?

되새김

하나님은 거룩하시며 또한 하나님께 드린 제물이 거룩하며 그 제물을 먹는 자 또한 거룩합니다. 이는 하나님께서 받으신 바 된 우리들의 삶이 얼마나 거룩해야 하는가에 관하여 알게 합니다. 비록 하나님께서는 유교병을 받으심과 같이 죄된 우리들을 받으셨으나 그 분과의 거룩한 교제를 위해서는 죄에 대하여 간과하거나 가볍게 여기는 어리석음을 행해서는 결코 안될 것입니다.

레위기

제2부

제사장 성별
(8-10장)

PART

08

제사장 위임식
8장1~36절

Key Point

레위기 1장부터 7장까지가 제사에 관한 것이라면 이제부터는 제사장의 직분에 관하여 살펴야 합니다. 죄인은 제사가 필요하고 신자는 제사장이 필요합니다. 이제 그리스도 안에는 이러한 제사와 제사장이 다 있는 것입니다.

본문 이해

  레위기의 제2부로서 8-10장 중 8장은 제사장 위임식에 관한 말씀입니다. 순서상으로 성막의 건립(출 35-40장)과 제사 규례(레 1-7장)에 이어 제사장 위임식으로 이어집니다. 곧 성막과 제사 제도에 이어 이를 시행하게 될 제사장을 위임하는 일은 순서적으로 자연스럽습니다. 더욱이 제사장 위임식에 있어서 필요한 제사를 먼저 언급함으로 제사장의 위임식을 온전히 이해할 수 있게 됩니다.

  레위기의 큰 두 번째 부분이 되는 레위기 8-10장은 이스라엘 제사장 제도의 설립에 관하여 전하여 주고 있습니다. 8장에서 아론은 이스라엘 최초의 대제사장으로 위임을 받습니다. 아론의 위임식은 7일에 걸쳐 이루어집니다. 9장은 제8일에 위임받은 대제사장 아론이 처음으로 제사를 드리는 장면을 소개합니다. 10장은 아론의 네 아들 중 나답과 아비후가 하나님이 명하시지 않은 다른 불로 분향하다가 하나님께 심판을 받는 이야기가 이어집니다.

  앞선 출애굽기에서 28장 제사장의 성의에 대한 말씀에 이어 29장에 제사장 위임식에 관한 말씀이 있습니다. 출애굽기는 성의에 관한 말씀 다음에 제사장 위임식에 관한 말씀을 하시며, 레위기는 제사에 관한 말씀 다음으로 제사장 위임식에 관한 말씀을 하십니다. 출애굽기 29장은 제사장 위임식에 대한 지침에 대한 말씀이며, 레위기 8장은 출애굽기의 말씀을 따라 실제적인 제사장 위임식이 거행되었음을 보이십니다.

■ 레위기 8장-10장의 구조적 이해

레 8:1-36: 제사장 위임식

레 9:1-24: 아론의 첫 번째 제사

레 10:1-20: 나답과 아비후의 죽음

■ 레위기 8장의 구조적 이해

레 8:1-36: 제사장 위임식

레 8:1-3: 제사장 위임식에 대한 여호와의 명령

레 8:4-6: 물로 씻음

레 8:7-9: 제사장의 옷을 입힘

레 8:10-13: 기름을 부음

레 8:14-17: 속죄제

레 8:18-21: 번제

레 8:22-29: 제사장 위임식 제사

레 8:30-36: 제사장 위임식의 마지막 절차

1. 하나님께서 모세로 위임식을 준비하게 하심과 회중을 회막 문에 모으심을 살펴봅시다(1-3절).

하나님께서 모세에게 말씀하여 이르시기를 너는 아론과 그의 아들들과 함께 그 의복과 관유와 속죄제의 수송아지와 숫양 두 마리와 무교병 한 광주리를 가지고 온 회중을 회막 문에 모으라 하셨습니다. 속죄제의 수송아지는 기름 부음 받은 제사장을 위한 속죄제물이 되며 숫양 두 마리는 각각 번제와 화목제를 위하여, 마지막 무교병은 소제물을 위하여 준비되었습니다.

2. 모세가 아론을 씻김과 옷 입힘을 살펴봅시다(4-9절).

제사장 위임식은 크게 4단계로 이루어졌습니다.

1단계: 씻음
2단계: 옷을 입음
3단계: 기름을 부음
4단계: 위임 제사를 드림

모세가 아론과 그의 아들들을 데려다가 물로 그들을 씻겼습니다. 이는 제사장 위임식의 첫 번째 단계입니다. 아론과 그 아들들을 데려다가 물로 그들을 씻음은 외적인 것이 아닌 내적인 깨끗함을 위한 상징적인 행위였습니다.

두 번째 단계는 옷을 입히는 것으로 아론에게 속옷을 입히고 띠를 띠우고 겉옷을 입히며 에봇을 걸쳐 입히고 에봇의 장식 띠를 띠워서 에봇을 몸에 매고 흉패를 붙이고 흉패에 우림과 둠밈을 넣고(우림과 둠밈은 '빛과 완전'이라는 히브리말을 음역한 것입니다.) 그의 머리에 관을 씌우고 그 관 위 전면에 금패를 붙였습니다. 아론의 옷에 대한 자세한 설명은 출애굽기 28장과 39장을 참고하시기 바랍니다. 대제사장의 옷은 제사장보다 화려했으며 제사장에게는 없는 에봇과 흉패와 금패가 있었습니다.

대제사장의 의복은 다음과 같이 7가지입니다.
① 속옷
② 겉옷

③ 띠

④ 에봇

⑤ 흉패

⑥ 관

⑦ 금패

대제사장의 의복을 입는 순서는 다음과 같습니다.

① 속옷

② 띠

③ 겉옷

④ 에봇

⑤ 흉패

⑥ 관

⑦ 금패

3. 모세가 관유로 기름부었던 의식을 살펴봅시다(10-13절).

이는 제사장 위임식의 세 번째 단계로 기름을 부은 의식입니다. 모세는 관유를 가져다가 성막과 그 안에 있는 모든 것에 발라 거룩하게 하였습니다. 이와 같이 관유를 성막과 기구에 바름은 거룩하게 성별하여 거룩한 목적으로 사용되게 하기 위함입니다. 또한 관유를 특별히 제단에 일곱 번 뿌리고 제단과 그 모든 기구와 물두멍과 그 받침에 발라 거룩하게 하고 또 관유를 아론의 머리에 붓고 그에게 발라 거룩하게 하고 모세가 또 아론의 아들들을 데려다가 그들에게 속옷을 입히고 띠를 띠우며 관을 씌웠습니다.

4. 아론과 그의 아들들을 위하여 첫 번째 드려졌던 제사는 무엇입니까? 그리고 그 이유는 무엇입니까?(14-17절)

아론과 그 아들들의 제사장 위임식에 있어 네 번째 단계는 위임제사입니다. 위임제사에는 세 가지 제사가 드려졌는데 속죄제와 번제와 화목제입니다. 먼저 아론과 그의 아들들을 위하여 모세에 의해 속죄제가 드려졌습니다. 왜냐하면 그들도 하나님과 사람들 사이에 중보자이기 전에 한 사람의 죄인이기 때문입니다.

모세가 속죄제의 수송아지를 끌어와 아론과 그의 아들들이 그 속죄제의 수송아지의 머리에 안수하매 모세가 잡고 그 피를 가져다가 손가락으로 그 피를 제단의 네 귀퉁이 뿔에 발라 제단을 깨끗하게 하고 그 피는 제단 밑에 쏟아 제단을 속하여 거룩하게 하고 또 내장에 덮인 모든 기름과 간 꺼풀과 두 콩팥과 그 기름을 가져다가 모세가 제단 위에 불사르고 그 수송아지 곧 그 가죽과 고기와 똥은 진영 밖에서 불살랐습니다(14-17절, 참고: 레위기 4장3-12절).

제사장 위임식을 위한 속죄제는 4장 제사장의 속죄제와 차이가 있음을 보게 됩니다. 곧 4장에서 기름 부름을 받은 제사장의 속죄제에서는 그 피를 회막 안 향단 뿔에 바르게 되어있으나(레 4:7), 제사장 위임식의 속죄제에서는 그 피를 제단의 뿔에 발라 번제단 중심으로 이루어지는 것을 볼 수 있습니다(레 8:15).

5. 위임 제사로 두 번째 드려진 제사와 그 의미는 무엇입니까?(18-21절)

속죄제 다음에 번제가 드려졌으며 이는 하나님께 온전한 헌신을 의미하는 것입니다. 속죄제에 이어 드려진 번제에는 숫양을 드렸으며 아론과 그의 아들들이 그 숫양의 머리에 안수하매 모세가 잡아 그 피를 제단 사방에 뿌리고 그 숫양의 각을 뜨고 모세가 그 머리와 각 뜬 것과 기름을 불사르고 물로 내장과 정강이들을 씻고 모세가 그 숫양의 전부를 제단 위에서 불살랐습니다(18-21절, 참고: 레위기 1장10-13절).

6. 위임 제사로 세 번째 드려진 제사와 그 의미는 무엇입니까?(22-29절)

속죄제와 번제에 이어 화목제가 드려졌으며 이는 하나님께서 아론과 그의 아들들을 대제사장으로 선택하신 하나님의 자비하심에 감사하는 제사로 볼 수 있습니다. 아론과 그 아들들이 위임식의 숫양을 드릴새 아론과 그의 아들들이 그 숫양의 머리에 안수하매 모세가 잡고 그 피를 가져다가 아론의 오른쪽 귓부리와 그의 오른쪽 엄지 손가락과 그의 오른쪽 엄지 발가락에 바르고 아론의 아들들을 데려다가 모세가 오른쪽 귓부리와 그들의 손의 오른쪽 엄지 손가락과 그들의 발의 오른쪽 엄지 발가락에 그 피를 발랐습니다. 제사장은 하나님의 말씀을 듣는 귀와 거룩한 일을 하는 손과 발에 피를 바름으로 하나님께 헌신한 것입니다.

또 모세가 그 피를 제단 사방에 뿌리고 그가 또 그 기름과 기름진 꼬

리와 내장에 덮인 모든 기름과 간 꺼풀과 두 콩팥과 그 기름과 오른쪽 뒷다리를 떼어내고

여호와 앞 무교병 광주리에서 무교병 한 개와 기름 섞인 떡 한 개와 전병 한 개를 가져다가 그 기름 위에와 오른쪽 뒷다리 위에 놓아 그 전부를 아론의 손과 그의 아들들의 손에 두어 여호와 앞에 흔들어 요제를 삼게 하고

모세가 그것을 그들의 손에서 가져다가 제단 위에 있는 번제물 위에 불살랐습니다.

모세는 그 가슴을 가져다가 여호와 앞에 흔들어 요제를 삼았으니 이는 위임식에서 잡은 숫양 중 모세의 몫입니다.

7. 모세가 관유와 제단의 피를 뿌림을 살펴봅시다(30절).

모세가 관유와 제단 위의 피를 가져다가 아론과 그의 옷과 그의 아들들과 그의 아들들의 옷에 뿌려서 아론과 그의 옷과 그의 아들들과 그의 아들들의 옷을 거룩하게 하였습니다. 관유와 제단 위의 피란 이 둘을 혼합한 '피 섞인 기름'으로 그들이 피로써 죄사함을 받았고 기름으로써 성별되었음을 의미하는 것입니다.

8. 위임식 화목제의 처리에 관하여 살펴봅시다(31-32절).

위임식에 드린 화목제의 고기에 대한 처리는 출애굽기 29장31-34 절에서 전합니다.

"너는 위임식 숫양을 가져다가 거룩한 곳에서 그 고기를 삶고 아론과 그의 아들들은 회막 문에서 그 숫양의 고기와 광주리에 있는 떡을 먹을 지라 그들은 속죄물 곧 그들을 위임하며 그들을 거룩하게 하는 데 쓰는 것을 먹되 타인은 먹지 못할지니 그것이 거룩하기 때문이라 위임식 고 기나 떡이 아침까지 남아 있으면 그것을 불에 사를지니 이는 거룩한즉 먹지 못할지니라"(출 29장31-34절)

화목제 중에 위임식에 씌여진 고기는 다른 화목제와 달리 타인과 함 께 먹을 수 없었습니다. 이는 화목제의 특징 중의 하나인 백성들 간의 교제를 목적으로 하지 않기 때문입니다. 화목제의 고기는 오직 아론과 그의 아들들이 지정된 곳에서 먹어야 했으며, 감사제의 특징 중의 하나 와 같이 당일에 먹고 다음 날까지 남기지 못하였습니다. 만일 그 고기나 떡이 아침까지 남아 있으며 그것을 불살라야 했습니다.

9. 위임식 칠일 동안의 추가 규례를 살펴봅시다(33-36절).
위임식은 이레 동안 행하였으며 위임식이 끝나는 날까지 이레 동안 은 회막문에 나가지 말라 하였습니다. 이에 관하여서는 출애굽기 29장 35-46절을 참고 바랍니다. 몸을 더럽히는 과정은 범죄함으로 순간적 으로 일어나지만 거룩하게 되는 과정은 천천히 이루어집니다. 이러한 칠일 유예에 관해서는 계속적으로 나타나고 있습니다.

"너는 내가 네게 한 모든 명령대로 아론과 그의 아들들에게 그같이 하여 이레 동안 위임식을 행하되 매일 수송아지 하나로 속죄하기 위하여 속죄제를 드리며 또 제단을 위하여 속죄하여 깨끗하게 하고 그것에 기름을 부어 거룩하게 하라 너는 이레 동안 제단을 위하여 속죄하여 거룩하게 하라 그리하면 지극히 거룩한 제단이 되리니 제단에 접촉하는 모든 것이 거룩하리라 네가 제단 위에 드릴 것은 이러하니라 매일 일 년 된 어린 양 두 마리니 한 어린 양은 아침에 드리고 한 어린 양은 저녁 때에 드릴지며 한 어린 양에 고운 밀가루 십분의 일 에바와 찧은 기름 사분의 일 힌을 더하고 또 전제로 포도주 사분의 일 힌을 더할지며 한 어린 양은 저녁 때에 드리되 아침에 한 것처럼 소제와 전제를 그것과 함께 드려 향기로운 냄새가 되게 하여 여호와께 화제로 삼을지니 이는 너희가 대대로 여호와 앞 회막 문에서 늘 드릴 번제라 내가 거기서 너희와 만나고 네게 말하리라 내가 거기서 이스라엘 자손을 만나리니 내 영광으로 말미암아 회막이 거룩하게 될지라 내가 그 회막과 제단을 거룩하게 하며 아론과 그의 아들들도 거룩하게 하여 내게 제사장 직분을 행하게 하며 내가 이스라엘 자손 중에 거하여 그들의 하나님이 되리니 그들은 내가 그들의 하나님 여호와로서 그들 중에 거하려고 그들을 애굽 땅에서 인도하여 낸 줄을 알리라 나는 그들의 하나님 여호와니라"(출 29장35-46절)

특별히 출애굽기 29장43-46절에서는 성막 및 제사장 제도의 목적이 나타납니다.

묵상

01 우리는 각자가 하나님의 부르심을 받아 일을 하여야 합니다. 나를 향한 하나님의 부르심은 무엇입니까?

02 제사장 위임식의 절차와 그 교훈에 관하여 나누어 봅시다.

03 오늘날 우리들은 하나님의 부르심을 받은 제사장들입니다. 왕같은 제사장으로 구약의 제사장을 살피며 간과된 바는 무엇입니까?

되새김

제사장의 모든 권위는 하나님께로 말미암은 것입니다. 하나님께서 세우신 것입니다. 그러므로 믿음의 사람들, 특별히 모든 직분자들은 자신의 권위를 자신 안에서 찾을 것이 아니라 하나님께 두어야 합니다. 더 나아가 제사장의 능력은 거룩함으로 말미암음을 주목하여야 합니다. 하나님께서는 계속적으로 그들을 거룩하게 하셨습니다. 이처럼 믿음의 사람들은 하나님께로부터 부르심을 받았다는 자의식과 함께 하나님께서 우리들에게 행하시는 거룩함으로 옷 입어야 할 것입니다. 여기에 참된 능력이 있는 것입니다.

09

아론의 첫 번째 제사
9장1~24절

Key Point

8장에서 일주일 동안 위임식을 마친 아론은 이제 더 이상 모세의 도움 없이 대제사장으로서 자신의 임무를 수행하게 됩니다. 곧 9장은 아론이 대제사장으로서 위임 받은 후에 첫 번째 드리는 제사를 전합니다. 우리는 이 본문을 상세히 살피며 또한 참된 대제사장이신 그리스도와 관계에 관하여 묵상할 수 있어야 할 것입니다.

본문 이해

　레위기 1-5장의 5대 제사, 6-7장의 각 제사의 규례의 말씀에 이어 8-10장은 제사에 이어 제사장에 대한 말씀이며, 아론과 그 아들들을 중심으로한 말씀입니다. 8장은 제사장 위임식에 관한 말씀이며 이제 9장에서는 아론의 첫 번째 제사에 관하여 전합니다. 아론의 첫 번째 제사에는 하나님의 영광이 가시적으로 나타난 중요한 사건이 됩니다(레 9:22-24).

■ 레위기 9장의 구조적 이해

　레 9:1-5: 첫 번째 제사를 위한 준비

　레 9:6-7: 모세의 명령

　레 9:8-14: 제사장을 위한 제사

　레 9:15-21: 백성을 위한 제사

　레 9:22: 제사장의 축복

　레 9:23-24: 여호와의 영광이 나타남

1. 첫 번째 제사에서 모세가 전한 지침은 무엇입니까?(1-7절)

　아론은 대제사장으로 위임받았음에도 불구하고 첫 번째 제사에서까지 모세에 의해 정확한 지침을 받고 있습니다. 아론은 이미 7일동안 자신을 위하여 속죄제를 드렸음에도 불구하고 첫 번째 드려지는 이 제사에 자신을 위한 속죄제와 번제를 드리고 이후에야 백성을 위한 속죄제와 번제를 드릴 수 있었습니다.

곧 모세는 아론에게 이르기를 속죄제를 위하여 흠 없는 송아지를 가져오고 번제를 위하여 흠 없는 숫양을 여호와 앞에 가져다 드리고 이스라엘 자손에게 말하여 이르기를 너희는 속죄제를 위하여 숫염소를 가져오고 또 번제를 위하여 일년 되고 흠 없는 송아지와 어린 양을 가져오고 또 화목제를 위하여 여호와 앞에 드릴 수소와 숫양을 가져오고 또 기름 섞인 소제물을 가져오라 하였습니다.

2. 여호와의 영광의 임재에 관한 약속을 살펴봅시다(4,6절).
하나님께서 백성에게 나타나실 것이라는 약속이 두 번이나 반복되고 있습니다(4,6절). "여호와의 영광"은 백성 가운데 가시적으로 나타나는 임재로서 출애굽기 24장16-17절에서는 하나님의 영광이 시내 산 위에 구름과 불의 형태로 나타났으며 또한 하나님의 영광은 성막이 완성되었을 때에 나타나셨으며(출 40:34-35) 그 외에도 중요한 의미를 지니는 사건에서 나타나셨습니다.

3. 아론 자신을 위한 제사를 살펴봅시다(8-14절).
8-11절은 아론 자신을 위한 속죄제이며, 12-14절은 아론 자신을 위한 번제입니다.

아론이 제단에 나아가 자기를 위한 속죄제 송아지를 잡으매 아론의 아들들이 그 피를 아론에게 가져오니 아론이 손가락으로 그 피를 찍어 제단 뿔들에 바르고 그 피는 제단에 쏟고 그 속죄제물의 기름과 콩팥과 간 꺼풀을 제단 위에서 불사르니 여호와께서 모세에게 명령하심과 같았고 그 고기와 가죽은 진영 밖에서 불살랐습니다(8-11절).

아론이 또 번제물을 잡으매 아론의 아들들이 그 피를 그에게로 가져오니 그가 그 피를 제단 사방에 뿌리고 그들이 또 번제의 제물 곧 그의 각과 머리를 그에게로 가져오매 그가 제단 위에서 불사르고 또 내장과 정강이는 씻어서 단 위에 있는 번제물 위에서 불살랐습니다(12-14절).

4. 백성을 위한 제사를 살펴봅시다(15-21절).
백성들을 위한 제사는 속건제를 제외한 네 가지 제사가 이루어졌습니다. 5대 제사 중에 속건제가 빠진 이유는 이들 제사의 목적이 어떤 특정한 죄를 속죄하기 위한 것이 아니라 백성의 보편적인 죄성을 속하며 하나님께 헌신시키고 하나님의 축복이 백성들에게 임하시게 하기 위함이었습니다. 15절은 백성을 위한 속죄제가, 16절은 번제, 17절은 소제, 18-21절은 백성들을 위한 화목제를 전합니다.

5. 제사장의 축복과 하나님의 영광의 임재를 살펴봅시다(22-24절).
아론은 백성을 향하여 손을 들어 축복하였습니다. 아론이 백성들을 향해서 행했던 축복문은 민수기 6장24-26절에 나타나고 있습니다.

"여호와는 네게 복을 주시고 너를 지키시기를 원하며 여호와는 그의 얼굴을 네게 비추사 은혜 베푸시기를 원하며 여호와는 그 얼굴을 네게로 향하여 드사 평강 주시기를 원하노라"(민 6장24-26절)

4절과 6절에 약속되어진 여호와의 영광이 나타났습니다. 하나님의 영광은 때때로 특별한 때에 나타났습니다(출 24:16-17, 출 40:34-35, 레 9:23-24). 불이 여호와 앞에서 나와 단 위의 번제물과 기름을 살랐다는 것은 곧 하나님께서 이 모든 제사를 열납하셨음을 의미하시는 것입니다. 오늘날 우리들의 예배도 하나님께서 열납하시는 예배가 되어야 하겠습니다.

6. 아론의 제사를 살피며 히브리서 9장과 10장에 니타난 그리스도의 사역과 비교하여 봅시다.
  1) 그리스도의 제사가 더 좋은 제사임을 어떠한 면에서 볼 수 있습니까?(히 9:23-28)

  2) 옛 제사제도의 무능성에 관하여 말하여 봅시다(히 10:1-4).

3) 새 제사 제도의 유능성에 관하여 말하여 봅시다(히 10:5-10).

4) 그리스도 제사의 영원성에 관하여 말하여 봅시다(히 10:11-18).

옛 제의	새 제의
제사장마다(여럿)	그리스도(오직 한분)
서서(사역의 미완성)	앉으사(사역의 완성)
드리되(진행)	드리시고(완료)
같은 제사	한 제물
날마다(반복적)	단번에(단회적)
제한된 접근	하나님의 우편에 앉으심
죄를 없이 하지 못함	영원히 온전케 함

아론은 백성을 위한 속죄를 하기 전에 자신을 위한 제사를 드려야 하는 죄인이었습니다. 하지만 그리스도는 "거룩하고 악이 없고 더러움이 없고 죄인에게서 떠나 계신"(히 7:26) 온전한 분이기에 자신을 위한 제사를 드릴 필요가 없으셨습니다(히 7:26-28). 아론은 정기적으로 반복해서 제사를 드려야 했습니다. 하지만 그리스도는 자신의 죽음으로 영원한 구속을 이루셨습니다(히 9:6-14, 25-26). 아론은 자기를 위한 제

사를 드림으로 땅에 만들어진 성소에 들어갈 수 있었습니다. 하지만 그리스도는 자기 몸을 제물로 드림으로 말미암아 하늘 성소에 들어가셨습니다(히 9:24). 아론이 반복하여 제사를 드린 것은 인간이 끊임없이 죄에 얽매여 있다는 사실을 상기시킵니다. 하지만 그리스도께서 단번에 드리신 제사로 영원한 죄 용서가 보장되었습니다(히 10:1-18).

묵상

01 아론은 자신의 사역 이전에 자신을 위한 제사를 먼저 하여야 했습니다. 이
것은 오늘날 하나님의 일을 하는 우리들 자신이 우리 자신을 마땅히 돌아보
아야 하는 이유가 되는 것입니다. 나는 하나님 앞에 어떠한 예배자입니까?

02 아론의 제사에서 가장 먼저 행하여진 제사는 속죄제였습니다. 나는 과연 하
나님 앞에 정결한 자로 서 있습니까?

03 아론의 예배는 하나님께서 열납하시는 예배가 되었습니다. 우리는 우리의
예배 가운데 날마다 하나님의 임재를 경험하고 있습니까?

되새김

아론은 대제사장으로서 오히려 모세의 지침을 받았습니다. 그는 대제사장이면
서도 온전한 참된 대제사장은 아니었습니다. 이제 우리의 참된 하늘의 대제사장
되신 그리스도와 그 분의 사역에 관하여 상고하여야 할 것입니다.

나답과 아비후의 죽음
10장1~20절

Key Point

하나님께서 사람으로 하나님과 사람 사이의 중보자로서 거룩한 직분인 대제사장직을 수
행하게 하였습니다. 아론은 자신을 위한 속죄제와 번제를 드렸고 마침내 백성들을 위하
여 성공적인 예배를 드렸고 하나님께서 열납하셨습니다. 그러나 곧 이러한 축복은 다시
심판으로 이어집니다. 나답과 아비후의 죽음은 언제나 실패로 이어지는 인생의 연약함
을 잘 대변해 주는 것입니다. 그리고 이러한 중보의 연약함들은 참된 중보자의 오심을 기
다리는 것입니다.

본문 이해

본 과의 내용을 살펴보기 이전에 인간의 연약한 모습에 대하여 어느 주석의 다음의 글을 인용합니다.

"이렇게 해서 인간은 모든 것을 못 쓰게 만든다. 최고로 위엄 있는 지위에 인간을 갖다 놓아 보라. 그리하면 그는 자기 자신을 스스로 저급케 만들 것이다. 인간에게 가장 풍성한 특권을 주어 보라. 그리하면 그는 그것들을 악용할 것이다. 지극히 풍성한 축복을 인간에게 주어 보라 그는 감사치도 아니할 것이다. 가장 좋은 제도 속에 인간을 넣어 보라 그리하면 그 제도를 부패시킬 것이다. 그것이 바로 인간이다. 바로 이것이 가장 아름다운 형식과 가장 은혜로운 환경 속에 인간을 넣어 두었을 때의 인간의 본연의 모습이다."[17]

이스라엘의 5대 제사에 관한 말씀(1-7장) 이후에 제사장 위임식(8장), 아론의 첫 번째 제사(9장)에 이어 10장은 아론의 아들 나답과 아비후의 죽음에 관하여 전합니다. 아담과 하와의 창조 후에 타락의 말씀이 이어지고, 가인과 아벨의 예배 후에 가인의 범죄가 이어졌듯이 아론의

---

17) 정중호, 『레위기 만남과 나눔의 장』(서울: 한들출판사, 1999), 95쪽.

첫 번째 제사 후에 나답과 아비후의 죄과 심판의 말씀이 이어집니다. 나답과 아비후의 죽음에 관한 말씀은 이후에도 민수기 3장4절과 민수기 26장61절에서 반복하여 전하는 중요한 사건이 됩니다.

■ 레위기 10장의 구조적 이해
　　레 10:1-7: 나답과 아비후의 죽음
　　레 10:8-11: 제사장이 회막에 들어갈 때의 규례
　　레 10:12-15: 제사장이 먹을 제물
　　레 10:16-20: 아론의 근신

1. 나답과 아비후의 죽음의 이유는 무엇입니까?(1-2절)
　"아론의 아들 나답과 아비후가 각기 향로를 가져다가 여호와께서 명령하시지 아니하신 다른 불을 담아 여호와 앞에 분향하였더니 불이 여호와 앞에서 나와 그들을 삼키매 그들이 여호와 앞에서 죽은지라"(레 10:1-2)

　그들은 각기 향로를 가져다가 하나님께서 명하시지 않은 다른 불을 담아 하나님 앞에 분향하였습니다. 나답과 아비후의 죽음을 추측할 수 있는 여러 가지 원인들을 고려할 수 있으나 성경이 직접적으로 말씀하시는 원인은 그들이 향로에 여호와께서 명령하시지 아니하신 '다른 불'을 담아 여호와 앞에 분향하였다는 것입니다. 이 향로는 분향단의 향을 피우기 위해 번제단의 불을 옮기는 데 사용된 금으로 된 그릇을 가르키며 나답과 아비후는 번제단의 불이 아닌 다른 불을 사용한 것입니다. 이로 말미암아 하나님의 응답과 축복의 불이 이번에는 심판의 되어 그 불이 여호와 앞에서 나와 그들을 삼켰습니다.

2. 하나님께 가까이 있는 자에게 요구되어지는 것은 무엇입니까?(3절)

"모세가 아론에게 이르되 이는 여호와의 말씀이라 이르시기를 나는 나를 가까이 하는 자 중에서 내 거룩함을 나타내겠고 온 백성 앞에서 내 영광을 나타내리라 하셨느니라 아론이 잠잠하니"(레 10:3)

하나님께서는 하나님께 향하여 더 가까이 있는 자에게 더욱 온전한 거룩함을 요구하십니다. '가까이 하는 자'란 하나님과 백성 사이에 있으며 중보자 없이 직접 하나님께 대면한 제사장을 가르키는 것입니다. 제사장으로 선 자, 곧 하나님과 가까이 하는 자들은 하나님의 거룩함을 깊이 있게 생각하는 자여야 합니다. 주님께서 가르쳐주신 주기도문의 첫 번째 기도문 또한 이 거룩함에 관한 기도였음을 잊지 말아야 할 것입니다.

3. 아론의 잠잠함을 살펴봅시다(3절).

아론은 참담하게도 자녀를 하루 아침에 둘이나 잃었습니다. 그것은 세상 속에서 이루어질 수 있는 어떠한 사고로 말미암은 것이 아닌 하나님의 일을 맡은 자의 가장 거룩한 자리에서 일어난 명백한 하나님의 심판이었습니다. 가인에게는 예배의 자리에서 일어난 일로 말미암아 직접적인 하나님의 심판이 일어나지는 않았지만 나답과 아비후는 직접적인 하나님의 심판을 받아야 했습니다. 이제 공적인 제사장직을 행하는 아론은 이 죽음의 참담함에 말을 잃고 잠잠하였습니다.

4. 나답과 아비후의 장사됨을 살펴봅시다(4-5절).

아론의 삼촌 웃시엘의 아들이며 사촌인 미사엘과 엘사반에게 장사지내는 명령이 주어졌고 나답과 아비후의 제사장으로 부름 받은 존귀하고 거룩한 옷은 불명예스럽게도 장사의 수의가 되었습니다.

5. 엘르아살과 이다말이 자신의 형제인 나답과 아비후를 위해서 울지 말 것을 명령받은 이유는 무엇입니까?(6-7절)

하나님께서는 이들이 자연적인 죽음이 아닌 하나님의 심판으로 인한 죽음이기에 그들을 위하여 슬퍼하는 것을 금하셨습니다. 만일 이들이 하나님의 명령을 어긴다면 제사상은 온 회중을 대표하기에 하나님의 심판이 온 회중에게 이르기까지 할 위기 가운데 있었습니다. 3절에 아론이 잠잠한 바와 같이 나답과 아비후의 형제인 엘르아살과 이다말은 먼저 하나님의 일을 수행함을 봅니다. 개인적인 그들의 일이 그들의 공적인 일을 앞설 수는 없는 것입니다. 그들은 제사장이었기 때문입니다. 그들은 여호와의 관유로 거룩하게 성별된 자들로 회막 문에 나가 부정한 시체를 접촉하며 장례할 수 없었습니다. 그들은 이스라엘 회중을 위하여 공적인 일을 수행하였으며 이스라엘 회중은 그들을 위하여 슬퍼하였습니다.

6. 여호와께서 아론에게 말씀하심을 살펴봅시다(8-11절).

"여호와께서 아론에게 말씀하여 이르시되 너와 네 자손들이 회막에 들어갈 때에는 포도주나 독주를 마시지 말라 그리하여 너희 죽음을 면하라 이는 너희 대대로 지킬 영영한 규례라 그리하여야 너희가 거룩하고 속된 것을 분별하며 부정하고 정한 것을 분별하고 또 나 여호와가 모세를 통하여 모든 규례를 이스라엘 자손에게 가르치리라"(레 10:8-11)

이제까지 하나님께서 모세에게 말씀하셨으나 이제 제사장 위임식을 행하고 제사장직을 수행하는 아론에게 하나님께서 말씀하십니다. 하나님의 음성을 듣는 이 감격적인 순간은 바로 그가 참담하고 비통하면서도 잠잠할 수 밖에 없었던 자녀의 죽음을 대면한 순간이라는 것은 깊이 있는 교훈을 줍니다. 아론은 자신의 깊은 슬픔 속에서 자신의 공적 임무를 시작하였으며, 주의 음성을 들은 것입니다.

하나님께서는 아론에게 세 가지를 지시하셨습니다. 첫째, 너와 네 자손들이 회막에 들어갈 때에 포도주나 독주를 마시지 말라. 둘째, 거룩하고 속된 것을 분별하며 부정하고 정한 것을 분별하라 셋째, 하나님께서 모세를 통하여 주신 모든 규례를 이스라엘 자손에게 가르치라. 특별히 이 모든 것은 첫 번째 말씀과 깊은 관련을 가집니다.

7. 제물에 대한 제사장의 분깃을 살펴봅시다(12-15절).

먹는 제물에 있어 번제를 제외하고 나머지 제사에는 제사장의 분깃이 있었으며 제사는 제사장에게 허락된 부분을 먹음으로 끝을 맺었습니다. 제사를 드린 후 제물을 먹는 것은 제사장의 특권이며 동시에 의무였습니다.

여호와께 드린 화제물 중 소제의 남은 것은 지극히 거룩하여 제사장이 그것을 취하여 누룩을 넣지 말고 제단 곁에서 먹었습니다.

화목제물 중에 흔든 가슴과 들어 올린 뒷다리는 제사장이 정결한 곳에서 먹었습니다.

8. 속죄제의 분깃에 관한 모세와 아론의 논쟁을 살펴봅시다(16-20절).

속죄제의 경우에 있어 만일 피가 성소의 향단 뿔에 발랐을 때에는 먹지 못하고 제물은 진 밖에서 불살라져야 했으나(4:1-21) 피가 번제단의 뿔에만 발라졌을 경우 제사장들은 제물의 고기를 먹을 수 있었습니다(6:24-30). 모세는 아론과 그의 아들 엘르아살과 이다말이 백성을 위한 속죄제의 고기를 먹지 않았음에 노합니다. 속죄제물을 진영 바깥에서 태울 뿐만 아니라 어떠한 제물을 제사장이 먹기도 함은 제사장으로 성별된 그들이 부정과 죄를 먹음으로 제거하고 거룩케 함을 상징적으로 보이는 것입니다. 제사장이 먹음은 회중의 죄가 완전히 제거되었음을 선언하는 것이며, 제사장의 거룩함이 죄와 부정을 이김을 상징적으로 보여주는 것입니다[18]. 제사장이 제물을 먹는 행위는 단순히 그들의 양식을 위한 것이 아닌 속죄를 위한 중요한 절차가 되는 것입니다.

---

18) 정중호, 『한국장로교총회창립 100주년기념 표준주석: 레위기』(서울: 한국장로교출판사, 2014), 145쪽.

"이는 너희로 회중의 죄를 담당하여 그들을 위하여 여호와 앞에 속죄하게 하려고 너희에게 주신 것이니라"(17절)

아론과 그의 아들들이 속죄의 제물을 먹지 않음으로 모세가 책망할 때에 아론은 자신의 아들인 나답과 아비후가 심판을 받은 사건 후에 자신이 제물의 고기를 먹는 것을 하나님이 기뻐하시지 않을 것이라고 대답하였습니다. 아론은 두 아들에게 임한 하나님의 심판이 너무나 엄중하여 자신들이 그 제물을 먹음으로 백성들의 죄를 속하기에 자신들의 성결이 너무나 부족함을 깨달을 수 밖에 없었습니다. 또한 아론은 비록 자신이 공적인 일을 수행하나 자녀를 잃은 비통함의 마음으로 온전한 대행자로서의 일을 하기에 부적합하리라 판단하였으며 자신이 속죄 제물을 먹음을 하나님께서 좋게 여기시지 않으셨으리라는 의미를 담는 것입니다. 이와 같은 아론의 대답을 모세는 듣고 좋게 여겼습니다. 원칙론적인 의식보다 내면과 본질에 더 가까운 아론의 성숙된 대답이었던 것입니다.

"아론이 모세에게 이르되 오늘 그들이 그 속죄제와 번제를 여호와께 드렸어도 이런 일이 내게 임하였거늘 오늘 내가 속죄제물을 먹었더라면 여호와께서 어찌 좋게 여기셨으리요 모세가 그 말을 듣고 좋게 여겼더라"(레 10:19-20)

묵상

01   예배의 대상은 하나님이시며 예배의 제물은 그리스도시고 예배의 능력은
     성령이십니다. 예배의 대상을 아버지 하나님으로 하지 않고, 예배의 제물
     을 그리스도로 하지 않고, 마지막으로 예배의 능력을 성령으로 하지 아니
     하는 모든 예배는 헛되며 하나님 앞에 가증한 것입니다. 나는 하나님 앞에
     온전한 예배자입니까?

02   하나님께서는 거룩한 직임을 받은 자에게는 더 높은 거룩의 수준을 요구하
     신다는 것을 묵상해 봅시다. 나는 나의 직임에 맞는 삶을 살고 있습니까?

03   거룩한 직임을 가진 자의 영향력에 대하여 생각해 봅시다. 나는 거룩하고
     선한 영향력의 사람입니까? 아니면 죄와 사망의 영향력을 낳고 있습니까?(
     믿음 안에서 중간지대, 안전지대는 없습니다.)

되새김

우리는 나답과 아비후의 죽음에서 인간에게 있어 축복과 심판이 겹쳐지고 있음
을 확인하여 봅시다. 하나님의 거룩한 직임에 부르심을 받아 온전한 삶을 살아가
지 못할 때 우리의 존귀한 옷은 부끄러움이 되고 마는 것입니다.

레위기

제3부

정결법(제물)
(11-16장)

PART

11

정결한 짐승과 부정한 짐승
–영적 삶에 대한 가르침–
11장1~47절

Key Point

정결한 짐승과 부정한 짐승의 예는 단순한 외적 부정의 판단에 관한 교훈이 아니라 영적인 가치를 가집니다. 이제 이것들을 하나씩 살펴보는 것은 참된 영적인 삶에 대한 귀중한 교훈을 얻기에 충분할 것입니다. 특별히 이미 준비되어진 제사와 제사장에 이어 우리가 어떠한 제물로 준비되어져야 하는가를 주목해 보아야 할 것입니다.

본문 이해

레위기의 제1부에 해당하는 1-7장은 5대 제사에 대한 말씀이며, 2부에 해당되어지는 8-10장의 말씀은 제사법에 대한 말씀에 이어 이 제사를 수행하게 될 제사장에 대한 위임식과 실제적인 제사에 대한 말씀입니다. 이제 레위기 제3부에 해당되는 11-16장은 제사에 대한 말씀에서 벗어나 일상적인 삶과 개인적인 삶에 대한 정결법에 관하여 다룹니다. 그러나 이를 단지 정결법으로만 생각해서는 안됩니다. 보다 큰 맥에서 제사(1-7장)와, 제사장(8-10장)에 이어 이제 제물(11-16장)에 관한 말씀이 되는 것입니다. 하나님과의 관계를 위하여 제사와 제사장이 준비되어졌다면 이제 마지막으로 이 모든 것을 온전케 하는 제물이 준비되어야 합니다. 이것이 바로 정결법의 의미가 될 것입니다.

또한 11장으로부터 15장의 내용을 연속적으로 이해함이 필요합니다. 곧 11장은 영적인 삶에 대한 교훈이며, 12장의 죄의 출생에 관하여, 13-14장은 죄의 본성에 관하여, 15장은 죄된 삶에 관한 말씀입니다. 그리고 이러한 삶의 연약함과 죄성은 우리들로 하여금 16장의 속죄일을 기다리게 합니다.

■ 레위기 11-16장의 구조적 이해

레 11:1-47: 정한 짐승과 부정한 짐승

레 12:1-8: 산모에 관한 규례

레 13:1-14:57: 나병에 관한 규례

레 15:1-33: 유출에 관한 규례

레 16:1-34: 속죄일에 관한 규례

■ 레위기 11장의 구조적 이해

레 11:1-8: 정한 땅의 짐승과 부정한 땅의 짐승

레 11:9-12: 정한 물고기와 부정한 물고기

레 11:13-19 정한 새와 부정한 새

레 11:20-23: 정한 곤충과 부정한 곤충

레 11:24-40: 정결의 과정

레 11:41-45: 땅에 기는 가증한 길짐승

레 11:46-47: 맺음말

정한 짐승과 부정한 짐승을 구별할 때에 기억해야 할 바는 거룩과 정결의 구분입니다[19]. 정결은 거룩과 구별된 것입니다[20]. 정결에는 세 가지 특징이 있습니다.

첫째, 정결은 거룩과 부정결 사이에 중립적인 것입니다. 거룩에는 거

---

19) 소강석, 『거룩의 재발견』(서울: 쿰란출판사, 2014), 133-138쪽.

20) 김중은, 『거룩한 길 다니라』, 265-266쪽.

룩의 선한 영향력이 있고, 부정결은 부정결의 악한 영향력이 있습니다. 거룩은 다른 것을 거룩하게 만드는 영향력이 있고, 부정결은 다른 것을 부정결하게 만드는 영향력이 있습니다. 그러나 정결은 중립적인 것이며 아무 영향력을 가지지 못합니다.

둘째, 정결은 신적인 것이 아닌 세속적인 것이며, 인간적인 것입니다. 곧 거룩하지 않은 것은 다 속된 것입니다. 아무리 정결하다고 할지라도 역시 속된 것입니다. 속된 것은 다만 부정한 것만이 아닌 정한 것도 역시 속된 것입니다. 왜냐하면 정한 것도 역시 거룩한 것이 아니기 때문입니다.

셋째, 정결은 거룩함으로 나아가는 전제가 됩니다. 부정결한 것이 바로 거룩하게 될 수는 없습니다. 먼저 정결의 과정을 거쳐야 합니다. 정결은 거룩함으로 나아가는 과정이며, 전제가 되는 것입니다. 이제 다음의 두 가지 도표를 참조하여야 합니다[21].

---

21) 김중은, 『거룩한 길 다니리』, 266쪽.
   정중호, 『레위기 만남과 나눔의 장』, 193쪽.

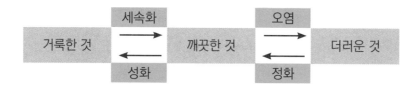

　정결한 짐승과 부정한 짐승에 대한 견해에 관하여 웬함은 비교적 간략하게 4가지로 정리하였습니다[22].

　첫째, 자의적 구분입니다. 이 구분의 근거는 하나님만 알고 계신 것입니다. 그러나 하나님께서 어떠한 원칙과 구분없이 기준을 제시하였으리라는 상상자체가 상상에 불가합니다.

　둘째, 제의적인 해석으로 부정한 짐승은 이교 예배에 사용된 짐승들이나 특히 비이스라엘 신들과 관련된 짐승들이라고 주장합니다. 그러나 일반적으로 가나안 족속과 이스라엘은 같은 범주의 짐승을 제물로 바쳤습니다. 더 나아가 제물로 받치지 않은 물고기와 곤충들에 관하여서는 설명할 수 없습니다.

---

22) 고든 웬함, 『레위기』, 188-192쪽.

셋째, 위생적 해석으로 부정한 피조물이 질병을 감염시켜서 먹기에 부적합하다고 주장합니다. 사실 많은 현대 학자들이 이 설명을 채택합니다. 특히 건강관리와 의학에 사로잡혀 있는 오늘날 독자들에게 매력적입니다. 그러나 이러한 견해는 현대 의학에 의해서 오히려 더 도전을 받게 되어 있습니다. 새김질과 쪽발만으로 위생을 논하기에는 너무나 비약적입니다. 과연 비늘과 지느러미가 위생과 관련이 있을지 의심스럽습니다. 위생에 대한 견해에 대한 반론들에 대해서는 더 많은 논의가 이미 제시되어 있습니다[23].

넷째, 상징적 해석으로 정결한 짐승의 행태와 습관을 의로운 이스라엘 백성이 어떻게 행동해야 하는지에 대한 생생한 실례로 간주하고, 반면에 부정한 것은 죄인들을 상징한다고 봅니다. 상징적 해석은 매우 오래된 견해며 흥미롭고 상상력이 풍부하지만 평가절하하는 많은 약점을 안고 있습니다. 곧 검증되지 않은 주관적인 해석의 위험이 있는 것입니다. 그럼에도 불구하고 여러 견해들 가운데 만족할 만한 일치하는 견해가 제시되지 못하며 상징적 해석이 성경의 진리를 왜곡하지 않으며, 이러한 견해와 해석이 과거로는 기독교 이전 유대교 저술가들에게로까지 거슬러 올라가며 현대로는 최근 주석가들의 지지 또한 받음으로 지나친 폄하는 마땅치 않다고 봅니다. 오히려 상징적 해석들이 해석에 대해서 더욱 명확하고 선명합니다. 새김질에 대한 교훈

---

23) 고든 웬함, 『레위기』, 189-190쪽.

을 묵상에 대한 연결을 마다할 이유가 무엇이겠습니까?[24]

1. 짐승을 구분할 때 두 가지 기준과 그 의미는 무엇입니까?(1-8절)

정결한 짐승의 두 가지 기준은 굽이 갈라져 쪽발이 되는 것과 새김질 하는 것입니다. 먼저 새김질을 한다는 것은 외적으로 들은 하나님의 말씀을 그의 속으로 새김질을 하는 사람을 의미합니다. 하나님의 말씀을 그 마음 판에 새기고 그것을 기억하고 묵상할 줄 아는 사람이 하나님 앞에 정한 사람입니다. 둘째, 굽이 갈라져 쪽발이 되었다는 것은 내적인 하나님 말씀의 새김질을 그의 삶에 외적인 행위로 나타나는 것을 의미합니다. 더욱이 이 두 가지 기준은 함께 제시되어 있다는 것을 기억하여야 합니다. 새김질을 하나 굽이 갈라지지 않은 것이나 굽이 갈라졌으나 새김질을 하지 않는 것은 모두 부정한 것입니다. 구체적인 실례로서 낙타, 사반, 토끼는 새김질을 하되 굽이 갈라지지 아니하였음으로 부정하며, 돼지는 굽이 갈라져 쪽발이로되 새김질을 못하므로 부정합니다. 이러한 고기는 부정하

---

24) 추가적인 견해들로 최근의 사회 인류학자 메리 더글라스의 견해는 목마른 많은 학자들에게 지지를 받기도 합니다. 그녀의 이론은 불결한 것과 부정한 것은 무질서하고 변칙적인 것, 혹은 자리를 이탈한 상태를 말하는 것입니다. 동물계를 세 영역으로 구분합니다. 창세기 1장의 다섯 가지 분류와 레위기 11장의 네 가지 분류에 비해서 더글라스는 세 가지 분류를 합니다. 공중을 나는 새, 땅 위를 걷는 짐승, 바다에서 헤엄치는 물고기입니다. 각각의 경계를 벗어난 피조물은 부정한 것입니다. 더글라스의 이론은 '오물' 이론이라고 하는데 오물이란 있어야 할 곳에 있는 않는 것 혹은 질서에 조화되지 않는 것을 가리키는 것입니다. 그러나 그의 견해는 제자리에 있지 않아도 오염되지 않는 것이 있음을 지적한 마이그스, 그녀의 해석적인 오류를 지적한 휴스턴 등에 의해서 상당한 타격을 받았습니다. 더글라스 이후에 메리 더글라스의 이론을 참고한 밀그롬은 동물을 분류하는 것은 그 사회의 가치 체계를 반영하는 것이라고 자신의 이론을 전개하였습니다.

므로 먹지 말고 그 주검도 만지지 말라 하셨습니다. 부정한 짐승의 고기는 먹지도 못할 뿐만 아니라 그 주검도 만지지 말라 하심은 그 주검은 죄의 삯인 사망을 보여주기 때문입니다.

"너희는 말씀을 행하는 자가 되고 듣기만 하여 자신을 속이는 자가 되지 말라"(약 1:22)

"영혼 없는 몸이 죽은 것 같이 행함이 없는 믿음은 죽은 것이니라"(약 2:26)

정한 땅의 짐승 조건	의미
쪽발	말씀을 행함
새김질	말씀을 묵상함

2. 물에 있는 것들 중에 정한 것과 부정한 것을 구분하는 기준은 무엇입니까?(9-12절)

물에 있는 것 중에 정한 것은 지느러미와 비늘이 있는 것입니다. 지느러미는 물 속에서 앞으로 전진하게 합니다. 이는 믿음의 삶을 앞으로 나아가게 하는 능력을 의미합니다. 둘째, 비늘이 있다는 것은 전진 속에서 다른 곳으로 떠내려가지 않도록 보호하는 능력을 의미합니다. 하나님 앞에 정한 사람은 이 세상에 머물러 있는 사람이 아니라 앞으로 전진하는 사람이며 동시에 세상에 젖고 세상의 저항에 의해서 밀려다는 것이 아니라 스스로를 보호할 수 있는 그러한 사람입니다.

육지의 모든 짐승에 대한 교훈에서는 단지 '부정'이라는 말씀을 하셨으나, 물에 있는 것들에 관하여서는 '부정'이라는 말 대신에 '가증한 것'이라고 하였으며 또한 '혐오할 것'이라고 하였습니다. 물에 있는 것 중에 가증한 것은 그 고기를 먹지 말고 그 주검을 가증히 여기라 하였습니다.

정한 물고기의 조건	의미
지느러미	전진, 성숙
비늘	세속으로부터 분별

3. 새들 중에 부정한 새들은 어떠한 새들이며 그 의미는 무엇입니까?(13-19절)

이전의 육지의 짐승과 물의 물고기에 대해서는 명확한 기준을 먼저 제시하였습니다. 육지의 짐승은 쪽발과 새김질이며, 물고기는 지느러미와 비늘이었습니다. 그러나 세 번째 새들에 관하여서는 구체적인 기준을 제시하지 않고 다만 이전과 또한 달리 그 예들을 상당하게 제시합니다.

새 중에 가증히 여길 것은 독수리와 솔개와 물수리와 말똥가리와 말똥가리 종류와 까마귀 종류와 타조와 타흐마스와 갈매기와 새매 종류와 올빼미와 가마우지와 부엉이와 흰 올빼미와 사다새와 너새와 황새와 백로 종류와 오디새와 박쥐입니다.

　이러한 새들은 다음의 세 가지 특징을 가집니다. 첫째, 독수리, 솔개, 매 등은 사나우며 다른 짐승의 피를 흘리는 맹금류입니다. 둘째, 죽은 시체를 먹거나 뱀이나 벌레와 같이 부정한 것들을 먹습니다. 셋째, 어둡고 한적한 곳에서 사는 고독한 새입니다.

　새들 중에 모든 육식을 먹는 새는 부정하며, 육식 초식 아무 것이나 먹는 새도 부정합니다. 이는 우리의 영적인 삶이 육적인 것을 즐기는 것에 대하여 경계하는 말씀입니다. 신앙의 삶을 뜻한 소제 속에는 꿀이 들어가지 않습니다. 더욱이 우리들의 영적인 삶 속에 영석 분별력 없는 육에 매이는 삶은 결코 하나님 앞에 거룩할 수 없는 것입니다. 특별히 아무거나 먹는 새를 살피며 우리는 우리들의 신앙을 점검해야 합니다. 거룩한 삶을 살면서도 여전히 육적인 삶도 동반하는 것은 영적으로 아무것이나 먹는 새와 같은 것입니다. 이러한 삶은 하나님 앞에 더욱 가증한 것입니다.

4. 곤충 중에 부정한 것들은 어떠한 것입니까?(20-23절)

　육지의 짐승, 물에 있는 것, 새에 이어 네 번째는 곤충에 관한 것입니다. 구체적인 예는 생략하였지만 파리와 같이 날개가 있어 하늘로 올라가는 힘을 가지고도 땅에 기는 곤충들은 부정합니다. 이것은 여전히 우리들에게 영적인 가르침을 주는 것입니다. 믿음의 사람들은 땅에 마음을 두는 것이 아니라 하늘에 소망을 두는 자의 삶을 살아야 하는 것입니다.

그러나 날개가 있어 네 발로 기어 다니는 모든 곤충 중에 뛰는 다리가 있어서 땅에서 뛰는 것은 먹을 수 있었습니다. 이러한 정한 곤충에 대해서는 다음과 같이 그 예들을 제시합니다. 곧 메뚜기 종류와 베짱이 종류와 귀뚜라미 종류와 팥중이 종류는 먹을 수 있었습니다.

말씀은 다시 강조하기를 날개가 있고 기어다니는 곤충은 혐오할 것이라 하였습니다.

5. 부정한 것들의 주검을 만짐에 관한 규례를 살펴봅시다(24-28절).

부정한 짐승, 물고기, 새, 곤충 등은 부정하게 하는 것들로 누구든지 이것들의 주검을 만지면 저녁까지 부정하였습니다. 이스라엘에게 있어 저녁은 한 날의 끝과 시작을 의미합니다. 그 주검을 옮기는 모든 자는 그 옷을 빨아야 했으며 그는 저녁까지 부정하였습니다.

부정하게 된 자는 그 기간 동안에는 제사를 드릴 수 없을 뿐만 아니라 거룩한 음식을 먹을 수도 없습니다. 저녁까지 부정하다는 말은 시간이 지나면 정한다는 의미를 가르치지 않습니다. 먼저 옷을 빨고, 몸을 씻은 후에 저녁이 될 때에 정하게 되는 것입니다(레 17:15, 22:6). 부정한 것을 먹은 자 또한 부정하여 그 옷을 빨아야 했습니다(40절).

6. 땅에 기어다니는 모든 기는 것이 가증한 이유는 무엇입니까?(29-30절)

땅의 짐승, 물의 것, 새, 곤충에 이어 다섯 번째로 땅에 기어다니는 것에 대한 교훈입니다. 땅에 기어다닌다는 것은 철저하게 육에 속한 삶에 대한 것을 의미하는 것입니다. 성도의 삶이 육적인 성품을 따라 살아갈 때에 이는 하나님 앞에 가증한 것입니다. 땅에 기는 길짐승 중에 부정한 것들의 종류로는 두더지와 쥐와 큰 도매뱀 종류와 도마뱀붙이와 육지 악어와 도마뱀과 사막 도마뱀과 카멜레온입니다.

7. 부정에 대한 추가적인 규례들을 살펴봅시다(31-38절).

부정에 대한 추가적인 지침으로 사체 접촉에 관한 규례들에 관하여 전합니다. 일반적으로 땅에 기는 것의 주검을 만지는 모든 자는 저녁까지 부정합니다. 그러나 사체에 접촉하게 된 것들 중에는 다음의 두 종류의 경우가 있음을 보게 됩니다. 여기에 대한 만족할 만한 자세한 주석을 찾아보기 어려우므로 묵상적인 견해를 더합니다.

① 나무 그릇, 의복, 가죽, 자루 vs 질그릇, 화로, 화덕

첫째, '나무 그릇, 의복, 가죽, 자루'와 '질그릇, 화로, 화덕'의 경우입니다. 어떤 것의 주검이 나무 그릇에든지 의복에든지 가죽에든지 자루에든지 무엇에 쓰는 그릇에든지 떨어지면 부정하여지며 물에 담그며 저녁까지 부정하다가 정할 것입니다. 그러나 그것 중 어떤 것이 어느 질

그릇에 떨어지면 그 속에 있는 것이 다 부정하여지며 그 그릇을 깨뜨릴 것입니다. 먹을 만한 축축한 식물이 거기 담겼으면 부정하여지며 그같은 그릇에 담긴 마실 것도 부정합니다. 이런 것의 주검이 물건 위에 떨어지면 그것이 모두 부정하여지며 화덕이든지 화로이든지 깨뜨릴 것입니다. 이것이 부정하여져서 사람으로 부정한 것이 되게 합니다. 이는 흡수력의 차이를 보입니다. 정하여지는 것과 정하여 질 수 없는 것입니다.

주의해야 할 것은 바로 부정한 것을 분별하는 이유는 그 부정한 것들이 사람을 부정하게 하기 때문입니다. 곧 부정한 것에는 두 종류가 있음을 알 수 있습니다. 부정한 것으로 정하게 할 수 있는 것과 정하게 할 수 없는 것이 있습니다. 나무 그릇, 의복, 가죽, 자루와 같은 것은 물에 담금을 통해서 저녁까지 부정하다가 정하여지는 것이 있는 반면, 질그릇, 화로, 화덕은 깨뜨려버려야 합니다. 이러한 것들은 정하여지지 않으며 따라서 사람을 부정하게 하기 때문입니다. 하나님께서는 부정으로 말미암아 정하게 될 수 없는 질그릇과 같은 자들을 다시 물로써 정하게 할 수 있는 자들로 만드셨습니다. 곧 믿음의 사람들은 주께서 주시는 말씀으로 날마다 자신을 정하게 하는 자가 되어야 할 것입니다.

② 샘물, 물이 고인 웅덩이, 종자 vs 물이 묻은 종자
샘물이나 물이 고인 웅덩이는 부정하여지지 아니하되 그 주검에 닿는 것은 모두 부정하여 집니다. 이것들의 주검이 심을 종자에 떨어지면 그것이 정하나 만일 종자에 물이 묻었을 때에 그것이 그 위에 떨어지면

부정합니다. 부정은 죽음으로 말미암은 것입니다. 그러나 이러한 죽음은 생명을 이길 수 없습니다. 샘물, 물이 고인 웅덩이, 종자는 모두 생명력이 있는 것들입니다. 그러나 물이 묻은 종자는 음식이나 술을 만드는 것으로 심을 수 있는 것이 아닙니다. 그러므로 믿음의 삶은 생명력이 있는 삶을 살 때에 죽음을 이기고 승리하는 신앙생활을 하게 되는 것입니다. 하나님께서는 믿음의 삶을 다시 씻을 수 있는 자로 더 나아가 생명력 있는 자로 죽음을 이기는 자로 삼으신 것입니다.

8. 먹을 만한 짐승의 주검에 대한 규례를 살펴봅시다(39-40절).

먹을 만한 짐승이 죽은 때에(자연사) 그 주검을 만지는 자는 저녁까지 부정합니다. 먹을 만한 짐승이라 할지라도 그 주검은 부정한 것의 주검과 같습니다. 죽음은 죄의 결과이기 때문입니다. 먹을 만한 짐승의 주검을 먹는 자는 그 옷을 빨 것이며 저녁까지 부정하며 그 주검을 옮기는 자도 그의 옷을 빨 것이며 저녁까지 부정합니다.

9. 땅에 기어 다니는 모든 길짐승이 가증함을 살펴봅시다(41-45절).

이미 길짐승에 대한 말씀은 29-20절에서 하셨으나 이는 29-20절의 말씀을 반복하며 더욱 확대하여 모든 땅에 기어 다니는 길짐승에 관한 것입니다. 땅에 기어 다니는 모든 길짐승은 가증한즉 먹지 말아야 합니다. 곧 땅에 기어다니는 모든 기는 것 중에 배로 밀어 다니는 것이나 네 발로 걷는 것이나 여러 발을 가진 것입니다. 기는 바 기어다니는 것 때문에 자기를 가증하게 되게 하지 말며 또한 그것 때문에 스스로 더럽혀 부정하게 되게 하지 말아야 합니다.

10. 11장의 맺음말을 살펴봅시다(46-47절).
　앞선 7장37-38절의 말씀과 같이 11장의 말씀을 다음의 구절로 맺고 있습니다.

　"이는 짐승과 새와 물에서 움직이는 모든 생물과 땅에 기는 모든 길승에 대한 규례니 부정하고 정한 것과 먹을 생물과 먹지 못할 생물을 분별한 것이니라"(46-47절)

묵상

01 새김질과 쪽발의 의미를 우리들의 삶에 적용하여 봅시다.

02 지느러미와 비늘의 의미를 우리들의 삶에 적용하여 봅시다.

03 육적인 것을 먹는 새의 의미를 우리들의 삶에 적용해 봅시다.

04 날개가 있고 기어다니는 곤충과 모든 기는 것들의 의미를 우리들의 삶에 적
    용하여 봅시다.

되새김

거룩한 삶에 관한 정결과 부정 사이에서 말씀은 먼저 우리들의 삶에 대하여 확인
하게 합니다. 동물들을 통한 이러한 말씀은 우리들의 영적인 삶에 대한 말씀입니
다. 외적인 음식의 문제가 아닌 영적 삶에 대한 하나님의 말씀임을 깨닫고 내
적 성결함으로 말미암는 삶의 변화를 이끌어야 할 것입니다.

PART

12

산모의 정결 의식
-죄의 출생-
12장1~8절

Key Point

11장에 이은 12장은 산모의 정결 의식입니다. 11장의 짐승의 부정함과 정결함이 단순히 음식의 문제가 아니며 영적인 삶에 대한 교훈이듯, 산모의 정결 의식은 인간의 출생과 더불어 출생으로부터 죄된 인간의 본연의 모습을 보여주는 것입니다. 우리는 이러한 인간의 본연적인 모습을 13장에서 더욱 확연하게 살필 수 있을 것입니다.

본문 이해

11장과 12-15장은 두 가지 면에서 구분됩니다. 먼저 11장에서는 부정의 기간이 단지 하루에 지나지 않았습니다. 주검을 만지는 자는 단지 저녁까지 부정하며, 주검을 옮기는 자, 주검을 먹는 자는 옷을 빨며 저녁까지 부정하였습니다. 주검과 접촉하였을 때에 물에 담그고 저녁까지 부정하였습니다. 그러나 12장에서는 부정의 기간이 더욱 확장되어집니다. 출산에 의한 부정은 일주일 혹은 이주일까지 미치며, 깨끗함을 얻기까지는 40일 혹은 80일이 소요되었습니다. 더욱이 개인적인 행위로서 기다림과 물에 담금과 옷을 빠는 것이 아닌 공적 제사로서 번제와 속죄제가 필요합니다.

둘째, 11장의 죄는 외적 환경에 의한 것입니다. 그러나 12장 이하는 내적인 요인에서 인간은 부정함을 살펴볼 수 있습니다. 인간을 더럽게 하는 것은 단지 외적인 것만이 아닌 내적인 요인으로 말미암은 것입니다. 인간의 유출은 죄로 말미암아 부정한 것이 된 것입니다. 이는 인간의 체질적인 것이며 더 나아가 본성적인 것입니다.

■ 레위기 12장의 구조적 이해
　레 12:1-5: 산모의 부정
　레 12:6-7: 산모의 제사

레 12:8: 가난한 산모의 제사

여인이 잉태하여 아이를 낳은 것을 부정하게 여겼다는 것은 이번 과의 핵심적인 부분입니다. 우리의 타락한 본성은 인간의 삶에 있어 어느 순간을 보더라도 더러움과 연약함이 있는 것입니다. 인간의 잉태와 출산, 그리고 그의 삶의 순간 어느 하나 하나님 앞에 정결하고 거룩할 수 없는 것입니다. 인간은 이 세상을 무력함 속에서 살아갑니다. 그러나 더 큰 문제는 인간 안에 있는 더러움입니다.

"내가 죄악 중에 출생하였음이여 모친이 죄 중에 나를 잉태하였나이다"(시 51:5)

"부녀에게서 난 자가 어찌 깨끗하다 하랴"(욥 25:4)

이것은 우리들의 삶의 문제를 다루었던 이전 과에서와 달리 우리 인생의 본연의 모습을 보여 줍니다. 11장에서 살펴볼 수 있는 바와 같이 사람은 부정한 것을 먹거나 만짐으로 말미암아 부정하게 됨이 아닌 죄악으로 말미암아 죄 중에 잉태되어 본래적으로 부정한 것입니다. 사람은 부정한 것이요 사람을 깨끗게 하기 위해서는 속죄의 피가 필요한 것입니다. 죄로 얼룩진 이 인생의 한계에 있어서 처음 이 땅에 발을 디딘는 아이나, 그를 낳는 산모에게, 모두에게 필요한 것은 바로 예수 그리스도의 속죄의 피인 것입니다.

1. 여인이 잉태하여 아이를 낳으면 몇 일 동안 부정합니까?(1-5절)

아들을 낳았을 경우 40일, 딸을 낳았을 경우 80일 동안 부정합니다. 남자를 낳을 때에는 7일 동안 부정하고 8일째에 그 아이의 포피를 베었으며 그 이후 33일을 지내야 산혈이 깨끗이 할 수 있었습니다. 곧 7일 동안 부정한 기간 이후에도 여전히 부정한 상태가 있지만 다른 사람에게 부정을 전염시키지 않는 상태로 여겨졌습니다. 그러므로 33일이 다 채우기 전, 곧 정결하게 되는 기한이 차기 전에는 성물을 만지지도, 성소 곧 하나님을 예배하기 위해 구별된 특별한 장소에 들어가지도 못하였습니다. 여자를 낳으면 두 이레 동안 부정하며 산혈을 깨끗하게 됨은 66일을 지내야 했습니다.

2. 여인이 잉태하여 아이를 낳은 것을 부정하게 여긴 이유는 무엇입니까?

첫째, 이는 외적으로 출산으로 인한 피의 유출로 말미암은 것입니다. 아이를 낳은 행위 자체를 부정할 수는 없을 것입니다. 출산은 하나님의 축복이요, 명령이기 때문입니다(창 1:28). 둘째, 보다 근본적으로 이는 출산에 따른 정결 의식을 통해서 인간의 근본적인 죄성을 깨닫게 하시는 것입니다(시 51:5, 욥 25:4). 따라서 정결케 되는 기간이 끝이 나는 40일과 80일 후에는 번제와 속죄제를 드렸던 것입니다.

3. 여자와 남자의 출산에 있어 정결케 되는 기간이 차이가 나는 이유는 무엇입니까?

이는 단순한 성차별을 위한 것이 아닙니다. 여자가 남자보다 더 더럽

다거나 열등하다는 것을 말하기 위함도 아닙니다. 이는 원죄에 대한 책임을 여자에게 더 둔 것으로 여겨집니다(딤전 2:14).

4. 산모의 정결 의식에 드려졌던 두 제사를 살펴봅시다(6-8절).

아들이나 딸이나 정결하게 되는 기한이 차면 그 여인은 번제를 위하여 일 년 된 어린 양을 가져가고 속죄제를 위하여 집비둘기 새끼나 산비둘기를 회막 문 제사장에게로 가져가며 제사장은 그것을 여호와 앞에 드려서 그 여인을 위하여 속죄하며 그리하면 산혈이 깨끗게 됩니다. 그 여인이 어린 양을 바치기에 힘이 미치지 못하면 산비둘기 두 마리나 집비둘기 새끼 두 마리를 가져다가 하나는 번제물로, 하나는 속죄제물로 삼습니다.

묵상

01 진정한 문제의 출발점은 결코 우리들의 외적 삶의 문제가 아닙니다. 나의
    본연적인 죄됨에 관하여 깊이 있게 생각하여 봅시다.

02 인생은 부서질 수 있는 만큼 더 굳게 세움 받아야 합니다. 인생의 죄됨에 대
    한 내 안에 거부하는 마음들을 살펴봅시다. 여전히 자신의 의로움으로 살
    아가고 있는 나의 삶을 되돌아 봅시다.

03 나의 삶은 육적인 삶입니까? 성령 안에서 거듭난 자로서의 성령을 따라 사
    는 삶입니까? 우리는 육에서 태어나는 연약함에서 성령으로 거듭난 삶을
    살아야 할 것입니다.

되새김

주님께서는 니고데모에게 사람이 거듭나지 않고는 하나님 나라에 들어갈 수 없
다고 하셨습니다. 육으로 난 것은 죄성 속에서 태어난 것입니다. 그러나 이제 성
령으로 난 자야만이 하나님의 나라에 합당한 것입니다. 우리는 우리의 연약함을
그리스도께 가지고 나아가야 할 것입니다. 주님께서는 나의 죄가 되셔서 나의 죄
를 십자가에 못 박으셨습니다.

PART

13

나병에 관한 규례
-죄의 본성에 관하여-
13장1~59절

Key Point

영적인 진리는 우리를 우리의 본연의 가장 깊은 곳까지 인도하고 있습니다. 곧 문제는 우리의 삶에 대한 문제도 아니고(11장) 우리의 출생에 문제도 아니고(12장) 더 깊은 곳, 인간의 본성에 대한 문제인 것입니다. 아담이 하나님의 말씀을 거역한 이후에 죄가 이 세상에 들어와 왕노릇합니다. 모든 인생은 아담 안에서 범죄하였고 본연적인 더러움을 안고 있는 것입니다. 그 누구도 이 본연적인 죄성에서 자유로울 수 없는 것입니다.

본문 이해

　13장과 14장은 나병에 관한 규례와 나병의 정결 의식에 관한 것입니다. 성경에서 전하는 나병은 일반적인 악성 피부염을 비롯하여 다양한 상태를 포괄합니다. 그러므로 나병은 질병으로서의 나병보다(한센씨 병) 폭넓게 사용되어진 개념으로 이해될 수 있으며 이는 질병에 대한 의학적인 차원이 아닌 병에 대한 규례를 통해서 인간의 내적인 죄와 그에 대한 심각성을 알게 합니다.

■ 레위기 13장의 구조적 이해
　레 13:1-8: 피부에 색점 등 나병 같은 것이 생긴 경우
　레 13:9-17: 피부에 흰점과 흰털과 생살이 생긴 경우
　레 13:18-23: 피부에 종기가 생겼다가 나았을 경우
　레 13:24-28: 화상을 입었을 경우
　레 13:29-37: 머리에나 수염에 환부가 있는 경우
　레 13:38-39: 어루러기 병으로 발생한 피부병의 경우
　레 13:40-46: 대머리와 관련된 경우
　레 13:47-59: 의복이나 가죽에 생긴 곰팡이

　나병에 관한 규례는 8가지 경우에 관하여 전합니다.

1. 각각의 경우를 다음의 틀로 나누어 생각해 봅시다.

①증세

②제사장의 진찰

③구체적인 증상

④제사장의 진단과 처리

⑤초기 진단의 실패와 격리

⑥제사장의 부정 선언

1) 피부에 색점 등 나병 같은 것이 생긴 경우(2-8절)

①증세(2절)

"만일 사람이 그의 피부에 무엇이 돋거나 뾰루지가 나거나 색점이 생겨서 그의 피부에 나병 같은 것이 생기거든"(2절)

②제사장의 진찰(2-3절)

"그를 곧 제사장 아론에게나 그의 아들 중 한 제사장에게로 데리고 갈 것이요 제사장은 그 피부의 병을 진찰할지니"(2-3절)

③구체적인 증상(3절)

"환부의 털이 희어졌고 환부가 피부보다 우묵하여졌으면"(3절)

나병의 두 가지 기준
①환부의 털이 흼 ②환부가 피부보다 우묵함

④ 제사장의 진단과 처리(3절)

"이는 나병의 환부라 제사장이 그를 진찰하여 그를 부정하다 할 것이요"(3절)

⑤ 초기 진단의 실패와 격리(4-6절)

"피부에 색점이 희나 우묵하지 아니하고 그 털이 희지 아니하면 제사장은 그 환자를 이레 동안 가두어둘 것이며 이레 만에 제사장이 그를 진찰할지니 그가 보기에 그 환부가 변하지 아니하고 병색이 피부에 퍼지지 아니하였으면 제사장이 그를 또 이레 동안 가두어둘 것이며 이레 만에 제사장이 또 진찰할지니 그 환부가 엷어졌고 병색이 피부에 퍼지지 아니하였으면 피부병이라 제사장이 그를 정하다 할 것이요 그의 옷을 빨 것이라 그리하면 정하리라"(4-7절)

명확한 나병에 대한 선언은 7일 후에 가능하나 명확한 정함의 선포는 7일 후라 할지라도 언급하지 않았습니다. 이와 같은 세심한 태도는 죄에 대하여 얼마나 주의깊고 신중하여야 하는가를 알게 합니다.

나병은 한 번 환부로 그 증상이 나타나면 신속하게 전염되어지는 특징이 있습니다. 그러므로 7일 후에도 환부가 더 이상 피부에 번지지 않고 병색이 피부에 퍼지지 아니하였으면 나병이 아닐 가능성이 있으므로 다시 7일을 가두게 됩니다. 이처럼 14일 후에 그 환부가 엷어지고 병색이 피부에 퍼지지 아니하면 단순한 피부병으로 정함이 선언되며 14

일 동안 격리되었으므로 그의 옷을 빨므로 정하여집니다. 자신의 옷을 빠는 것은 하나님 앞에 자복함과 용서로 자신을 향한 의심을 씻는 종교적인 의미를 담습니다.

⑥ 제사장의 부정 선언(7-8절)
"그러나 그가 정결한지를 제사장에게 보인 후에 병이 피부에 퍼지면 제사장에게 다시 보일 것이요 제사장은 진찰할지니 그 병이 피부에 퍼졌으면 그를 부정하다 할지니라 이는 나병임이니라"(8절)

정결과 부정의 판단 기준
퍼짐의 유무

2) 흰 점과 흰 털과 생살이 생긴 경우(9-17절)
① 증세(9절)
"사람이 나병이 들었거든"(9절)

② 제사장의 진찰(9-10절)
"그를 제사장에게로 데려갈 것이요 제사장은 진찰할지니"(9-10절)

③ 구체적인 증상(10절)
"피부에 흰 점이 돋고 털이 희어지고 거기 생살이 생겼으면"(10절)

④ 제사장의 진단과 처리(11절)

"이는 그의 피부의 오랜 나병이라 제사장이 부정하다 할 것이요 그가 이미 부정하였은즉 가두어두지는 않을 것이며"(11절)

⑤ 초기 진단의 실패와 격리(없음)

⑥ 제사장의 부정 선언(12-17절)

"제사장 보기에 나병이 그 피부에 크게 발생하였으되 그 환자의 머리부터 발끝까지 퍼졌으면 그가 진찰할 것이요 나병이 과연 그의 전신에 퍼졌으면 그 환자를 정하다 할지니 다 희어진 자인즉 정하거니와"(12-13절)

두 번째 경우인 생살에 의한 나병의 진단에 있어서는 분명한 나병이므로 분명한 진단을 위한 격리가 없고 특이한 것은 나병이 전신에 퍼졌을 때에 도리어 환자를 정하다 하는 것입니다. 이는 몸 속의 병균이 몸 밖으로 완전히 발산되어진 것을 보이는 바, 자신의 죄를 고백하며 완전히 자신을 드러냄을 보이는 것입니다.

"만일 우리가 우리 죄를 자백하면 그는 미쁘시고 의로우사 우리 죄를 사하시며 우리를 불의에서 깨끗하게 하실 것이요"(요일 1:9)

비록 의심할 바 없는 죄임에도 불구하고 자신의 죄를 회개하는 자는 하나님 앞에 정하다 용서함을 받게 되는 것입니다.

"아무 때든지 그에게 생살이 보이면 그는 부정한즉 제사장이 생살을 진찰하고 그를 부정하다 할지니 그 생살은 부정한 것인즉 이는 나병이며 그 생살이 변하여 다시 희어지면 제사장에게로 갈 것이요 제사장은 그를 진찰하여서 그 환부가 희어졌으면 환자를 정하다 할지니 그는 정하니라"(14-17절)

정하다 선언된 후에라도 생살이 보이면 부정하게 됩니다. 이는 잠복된 병을 보여주며 죄의 본성을 가진 인간의 연약함을 보여줍니다. 부활의 몸의 변화가 없이는 이러한 죄의 본성의 문제를 온전히 깨끗함을 입을 수 없는 인간의 실존의 문제를 알고 늘 성령의 인도하심을 받아야 할 것입니다.

정결과 부정의 판단 기준
생살의 유무

3) 종기가 생겼다가 나았을 경우(18-23절)
① 증세(18-19절)
"피부에 종기가 생겼다가 나았고 그 종처에 흰 점이 돋거나 희고 불그스름한 색점이 생겼으면"(18-19절)

세 번째 경우로, 이는 다른 이유로 손상된 부위에 나병이 든 경우입니다. 우리의 몸이 이처럼 상처를 입게 되어지면 그러한 과정을 통해서 병이 들게 되듯이, 우리의 여러 가지 상처는 우리들로 하여금 영적인 절망과 파멸의 자리로 인도하는 것입니다. 그러므로 우리들의 상처를 주의 깊게 살펴 이러한 어려움을 당치 않도록 주의하여야 할것입니다.

② 제사장의 진찰(19-20절)
"제사장에게 보일 것이요 그는 진찰하여"(19-20절)

③ 구체적인 증상(20절)
"피부보다 얕고 그 털이 희면"(20절)

④ 제사장의 진단과 처리(20절)
"그를 부정하다 할지니 이는 종기로 된 나병의 환부임이니라"(20절)

⑤ 초기 진단의 실패와 격리(21절)
"그러나 제사장이 진찰하여 거기 흰 털이 없고 피부보다 얕지 아니하고 빛이 엷으면 제사장은 그를 이레 동안 가두어둘 것이며"(21절)

⑥ 제사장의 부정 선언(22-23절)
"그 병이 크게 피부에 퍼졌으면 제사장은 그를 부정하다 할지니 이는 환부임이니라 그러나 그 색점이 여전하고 퍼지지 아니하였으며 이는

종기 흔적이니 제사장은 그를 정하다 할지니라"(22-23절)

14일 동안 격리된 때에는 옷을 빨았으나 7일을 격리할 때에는 옷을 빨지 않고 정하다 함을 얻었습니다.

4) 화상을 입었을 경우(24-28절)
① 증세(24절)
"피부가 불에 데었는데 그 덴 곳에 불그스름하고 희거나 순전히 흰 색점이 생기면"(24절)

② 제사장의 진찰(25절)
"제사장은 진찰할지니"(25절)

③ 구체적인 증상(25절)
"그 색점의 털이 희고 그 자리가 피부보다 우묵하면"(25절)

④ 제사장의 진단과 처리(25절)
"이는 화상에서 생긴 나병인즉 제사장이 그를 부정하다 할 것은 나병의 환부가 됨이니라"(25절)

⑤ 초기 진단의 실패와 격리
"그러나 제사장이 보기에 그 색점이 흰 털이 없으며 그 자리가 피보보

다 얕지 아니하고 빛이 엷으면 그는 그를 이레 동안 가두어둘 것이며"

⑥ 제사장의 부정 선언

"이레 만에 제사장이 그를 진찰할지니 만일 병이 크게 피부에 퍼졌으면 그가 그를 부정하다 할 것은 나병의 환부임이니라 만일 색점이 여전하여 피부에 퍼지지 아니하고 빛이 엷으면 화상으로 부은 것이니 제사장이 그를 정하다 할 것은 이는 화상의 흔적임이니라"(27-28절)

5) 머리에나 수염에 환부가 있는 경우(29-37절)

① 증세(29절)

"남자나 여자의 머리에나 수염에 환부가 있으면"(29절)

② 제사장의 진찰(30절)

"제사장은 진찰할지니"(30절)

③ 구체적인 증상(30절)

"환부가 피부보다 우묵하고 그 자리에 누르스름하고 가는 털이 있으면"(30절)

④ 제사장의 진단과 처리(30절)

"그가 그를 부정하다 할 것은 이는 옴이니라 머리에나 수염에 발생한 나병임이니라"(30절)

⑤ 초기 진단의 실패와 격리

"만일 제사장이 보기에 그 옴의 환부가 피부보다 우묵하지 아니하고 그 자리에 검은 털이 없으면 제사장은 그 옴 환자를 이레 동안 가두어둘 것이며 이레 만에 제사장은 그 환부를 진찰할지니 그 옴이 퍼지지 아니하고 그 자리에 누르스름한 털이 없고 피부보다 우묵하지 아니하면 그는 모발을 밀되 환부는 밀지 말 것이요 제사장은 옴 환자를 또 이레 동안 가두어둘 것이며"(31-33절)

털이 누르스름하게 변하거나 환부가 피부보다 우묵한 것은 나병의 증상입니다. 그러나 이러한 현상이 명확하게 나타나지 않으면 7일을 격리시켜 다시 확인하고 옴이 퍼지지 아니하고 누르스름한 털이 없고 피부보다 우묵하지 아니하면 환부를 제외한 주위의 모발을 밀고 피부에 퍼지는 여부를 살피기 위하여 다시 7일을 격리합니다.

⑥ 제사장의 부정 선언

"이레 만에 제사장은 그 옴을 또 진찰할지니 그 옴이 피부에 퍼지지 아니하고 피부보다 우묵하지 아니하면 그는 그를 정하다 할 것이요 그는 자기의 옷을 빨아서 정하게 되려니와 깨끗한 후에라도 옴이 크게 피부에 퍼지면 제사장은 그를 진찰할지니 과연 옴이 피부에 퍼졌으면 누른 털을 찾을 것 없이 그는 부정하니라 그러나 제사장이 보기에 옴이 여전하고 그 자리에 검은 털이 났으면 그 옴은 나았고 그 사람은 정하니 제사장은 그를 정하다 할지니라"(34-37절)

14일이 지난 후에도 옴이 피부에 퍼지지 아니하고 옴이 피부보다 우묵하지 아니하면 그를 정하다 할 것이며 자기의 옷을 빨아서 정하게 되지만 깨끗한 후에라도 옴이 크게 피부에 퍼지면 누른 털의 유무 없이 그는 부정합니다. 깨끗한 후에라도 다시 재발될 수 있음은 그리스도 안에서 깨끗함을 입어 구원을 입은 성도라 할지라도 죄악의 유혹으로 말미암아 범죄할 수 있음을 가르칩니다.

6) 어루러기 병으로 발생한 정결한 피부병(38-39절)
 ① 증세(38절)
"남자나 여자의 피부에 색점 곧 흰색점이 있으면"(38절)

 ② 제사장의 진찰(39절)
"제사장은 진찰할지니"(39절)

 ③ 구체적인 증상(39절)
"그 피부의 색점이 부유스름하면"(39절)

 ④ 제사장의 진단과 처리(39절)
"이는 피부에 발생한 어루러기라 그는 정하니라"(39절)

어루러기는 신체에 어떠한 고통을 주지 않는 단순하고 가벼운 피부병의 일종으로 피부의 내면으로부터 썩는 나병과는 달리 피부의 겉표

면만이 부유스름(흐릿한 흰색)해집니다. 어루러기의 경우에는 옷을 빨지 않아도 정결하게 되는데 이는 사람을 외모로 보지 않으시고 중심을 보시는 하나님의 기준에 일관성을 가집니다.

7) 대머리와 관련된 경우(40-44절)
① 증세(40-42절)
"누구든지 그 머리털이 빠지면 그는 대머리니 정하고 앞머리가 빠져도 그는 이마 대머리니 정하니라 그러나 대머리나 이마 대머리에 희고 불그스름한 색점이 있으면 이는 나병이 대머리에나 이마 대머리에 발생함이라"(40-42절)

② 제사장의 진찰(43절)
"제사장은 그를 진찰할지니"(43절)

③ 구체적인 증상(43절)
"그 대머리에나 이마 대머리에 돋은 색점이 희고 불그스름하여 피부에 발생한 나병과 같으면"(43절)

④ 제사장의 진단과 처리(44-46절)
"이는 나병 환자라 부정하니 제사장이 그를 확실히 부정하다고 할 것은 그 환부가 그 머리에 있음이니라 나병 환자는 옷을 찢고 머리를 풀며 윗입술을 가리고 외치기를 부정하다 부정하다 할 것이요 병 있는 날

동안은 늘 부정할 것이라 그가 부정한즉 혼자 살되 진영 밖에서 살지니라"(44-46절)

　대머리는 부정한 것이 아니나 나병의 증상으로 대머리가 되어 대머리의 부분에 희고 불그스름한 색점이 있을 때에는 다른 병인을 찾거나 재진단이 없이 나병으로 부정을 선언하게 됩니다.

　제사장에 의해 나병으로 판정되었다면 다른 사람이 그를 접촉하여 부정하게 되는 것을 막기 위하여 그로 옷을 찢고 머리를 풀며 윗입술을 가리우고 부정하다 부정하다 외치게 했고 그는 진 밖으로 나가 격리되어 홀로 살아야 했습니다. 옷을 찢는 행위는 마치 가슴을 찢는 듯한 슬픔을, 머리를 푸는 것은 극도의 슬픔으로 정신을 차리지 못하는 애통함을, 윗입술을 가리움은 슬픔과 부끄러움을 표현하는 것입니다. 나병으로 판정된 자는 자신을 부정하다 부정하다 외침으로 정한 사람들의 접촉을 막았으며 그는 부정했기에 하나님이 거하시는 이스라엘의 거룩한 진에서 분리되어야 했으며 진 밖으로 나가 격리되어 홀로 살아야 했습니다.

8) 의복이나 가죽에 생긴 곰팡이(47-59절)
　① 증세(47-49절)
　"만일 의복에 나병 색점이 발생하여 털옷에나 베옷에나 베나 털의 날에나 씨에나 혹 가죽에나 가죽으로 만든 모든 것에 있으되 그 의복에

나 가죽에나 그 날에나 씨에나 가죽으로 만든 모든 것에 병색이 푸르거나 붉으면 이는 나병의 색점이라 제사장에게 보일 것이요"(47-49절)

② 제사장의 진찰(49-50절)
"제사장에게 보일 것이요 제사장은 그 색점을 진찰하고"(49-50절)

③ 구체적인 증상(49절)
"그 의복에나 가죽에나 그 날에나 씨에나 가죽으로 만든 모든 것에 병색이 푸르거나 붉으면"(49절)

구체적인 증상을 제사장의 진찰 이전에 판단하고 있습니다.

④ 제사장의 진단과 처리(49절)
"이는 나병의 색점이라"(49절)

제사장의 진단을 제사장의 진찰 이전에 드러내었습니다.

⑤ 초기 진단의 실패와 격리(50절)
"그것을 이레 동안 간직하였다가"(50절)

⑥ 제사장의 부정 선언(51-59절)
"이레 만에 그 색점을 살필지니 그 색점이 그 의복의 날에나 씨에나

가죽에나 가죽으로 만든 것에 퍼졌으면 이는 악성 나병이라 그것이 부정하므로 그는 그 색점 있는 의복이나 털이나 베의 날이나 씨나 모든 가죽으로 만든 것을 불사를지니 이는 악성 나병인즉 그것을 불사를지니라 그러나 제사장이 보기에 그 색점이 그 의복의 날에나 씨에나 모든 가죽으로 만든 것에 퍼지지 아니하였으면 제사장은 명령하여 그 색점 있는 것을 빨게 하고 또 이레 동안 간직하였다가 그 빤 곳을 볼지니 그 색점의 빛이 변하지 아니하고 그 색점이 퍼지지 아니하였으면 부정하니 너는 그것을 불사르라 이는 거죽에 있든지 속에 있든지 악성 나병이니라 빤 후에 제사장이 보기에 그 색점이 엷으면 그 의복에서나 가죽에서나 그 날에서나 씨에서나 그 색점을 찢어 버릴 것이요 그 의복의 날에나 씨에나 가죽으로 만든 모든 것에 색점이 여전히 보이면 재발하는 것이니 너는 그 색점 있는 것을 불사를지니라 네가 빤 의복의 날에나 씨에나 가죽으로 만든 모든 것에 그 색점이 벗겨졌으면 그것을 다시 빨아야 정하리라 이는 털옷에나 베옷에나 그 날에나 씨에나 가죽으로 만든 모든 것에 발생한 나병 색점의 정하고 부정한 것을 진단하는 규례니라"(51-59절)

이전의 나병은 신체와 관련이 있었던 반면 마지막은 의복에 나병이 들었을 때에 관한 말씀입니다. 비록 의복은 당시 생활의 절대적으로 필요하고 중요하게 여겨지는 것임에도 불구하고 나병이 들었을 때에 아낌없이, 단호하게 처리함을 통해서 우리는 우리의 삶에 있어 하나님을 섬기고 따름에 있어서 방해하는 어떠한 죄된 요소라고 할지라도 단호하게 끊고 버림이 있어야 할 것입니다. 더 나아가 비록 나병이 든 옷이 직접적으로 영향을 미치지 않는다고 할지라도 이를 단호하게 태움을 통해서 우리는 우리의 삶의 죄된 환경을 근절하고 깨끗이 함을 배웁니다. 이는 믿음의 사람들의 지혜이며 부르심입니다.

7일 동안 간직한 후 색점이 퍼지지 않은 경우에는 그 색점 있는 것을 빨게 하고 또 7일 동안 간직하는데 그 색점의 빛이 변하지 아니하고 그 색점이 퍼지지 않을 경우에도 역시 악성 나병으로 보았습니다. 이는 죄의 정도가 심하지 보이지 않을 지라도 죄가 내재해 있으므로 하나님 앞에 가증한 것으로 회개하지 아니하는 심령의 모습을 보여주시는 것입니다.

만일 14일 후에 본즉 그 색점이 엷으면 이 때에는 곰팡이 균의 번식력이 약화되거나 중지된 것으로 그 색점 부위만 찢어서 제거하면 되었습니다. 이는 공동체 가운데 때때로 출교되어야 할 대상들이 있음을 알게 하시는 말씀이 됩니다. 우리의 삶에 있어서도 죄된 요소를 단호히 끊고 버림이 있어야 할 것입니다.

만일 색점이 있는 곳을 찢어 제거했음에도 불구하고 다시 여러 곳에서 색점이 보이면 그 색점이 있는 것을 불살랐습니다. 곰팡이 균이 눈에 보이지 않고, 사라진 듯 하지만 다시 번식하는 것처럼 죄의 단절이란 이처럼 어려운 일이 됩니다.

마지막으로 색점이 발견된 의복을 빤 뒤에 색점이 사라졌다고 할지라
도 그것을 다시 빨아야 정하게 되었습니다.

2. 나병 환자를 통해서 보는 영적인 교훈은 무엇입니까?

　　나병 환자의 피부병은 단순한 외적인 피부염을 보이는 것에 목적이
있지 않고 오히려 오늘날 영적인 의미 속에서 그 의미를 찾아야 하는
것입니다. 곧 나병 환자의 부정의 선언은 인간의 죄에 대한 부정의 선
언으로 받아들여져야 합니다. 나병 환자가 불결하고 그 병이 자신의
몸을 파괴하며 온 몸으로 전염되어지며 결국 나병 환자가 격리되듯이,
죄는 그 사람을 더럽고 불결하게 하며, 파괴하며 온몸으로 전염되게
하며 결국 하나님으로부터 격리시키고 마는 것입니다.

묵 상

01   나는 내 안에 있는 죄성과 만난 적이 있습니까?

02   이스라엘의 진 밖으로 쫓김을 받았던 나병 환자에게 온 제사장은 오직 병의 유무만을 확인할 뿐이지만 우리 주 예수 그리스도께서는 우리를 진정으로 치유하신 분이십니다. 주께서 내게 오심을 나누어 봅시다.

03   나병에 관한 규례에서 의복을 통한 규례는 우리들의 주의 환경에 관하여 교훈합니다. 나의 환경은 과연 믿음의 환경인지 나누어 봅시다.

되새김

신앙의 시작은 심령의 가난함으로부터 시작합니다. 주님께서 우리들의 죄된 본성을 만지시지만 자신의 죄성을 깨닫지 못하고 회개하지 못하는 자는 결코 주로 말미암는 이러한 은혜를 입을 수 없는 것입니다. 이 시간 우리는 우리의 본성의 죄됨을 먼저 바라보아야 할 것입니다.

PART

14

나병의 정결 의식
14장1~57절

Key Point

나병의 대한 규례는 나병의 진찰 및 판단에 관한 13장 말씀에 이어 나병의 정결 의식으로 이루어졌습니다. 나병에 대한 정결함은 단지 제사장의 진단과 판결로 매듭되는 것이 아니라 정결 의식으로 온전해집니다.

본문 이해

레위기 13장이 나병에 대한 진찰과 판단 규정에 관한 말씀이라면 14장은 나병의 정결 의식에 관한 말씀으로, 크게 세 부분으로 나누어져서 첫째 날, 일곱째 날, 여덟째 날로 구분되는 일반적인 정결 의식과 가난한 자를 위한 정결 의식, 마지막으로 집에 나병이 든 경우를 전합니다.

■ 레위기 14장의 구조적 이해
레 14:1-8: 나병 환자가 정결하게 되는 날의 규례-첫째 날
레 14:9: 나병 환자가 정결하게 되는 날의 규례-일곱째 날
레 14:10-20: 나병 환자가 정결하게 되는 날의 규례-여덟째 날
레 14:21-32: 가난한 자를 위한 나병의 정결 의식
레 14:33-53: 집에 나병이 생겼을 경우
레 14:54-57: 맺음말

1. 레위기 14장을 두 부분으로 나누어 봅시다.
첫째 부분은 나병의 정결 의식에 관한 것이고(1-32절), 둘째 부분은 집에 나병 색점이 발생한 경우입니다(33-53절).

2. 나병 환자의 정결 의식에 관하여 살펴봅시다(1-20절).
이 규례는 치료를 위한 것이 아니라 병이 나은 자에게 행하는 규례입

니다. 정함의 판정을 받은 자는 이제 진 밖에서 정결 의식을 행해야 합니다. 정결 의식을 행하여 진영 안으로 들어와도 7일동안 자기 장막 밖에 머물려 있어야 했으며 일곱째 날의 정결 의식을 행하여 비로서 정하게 되고 제8일째에 속건제, 속죄제, 번제, 소제의 네 제사를 행하였습니다.

1) 정함의 선언을 받을 나병 환자에게 진 밖에서와 진영 안에서 행한 정결 의식의 절차를 요약하며 그 의미를 정리하여 봅시다(1-9절).
① 절차: 제사장은 진 밖으로 나가 병이 나았는지를 판정합니다(2-3절).
의미: 죄악에 있는 자에게는 스스로를 구원할 수 있는 아무런 능력이 없습니다. 오직 죄인을 찾아 오시는 하나님만이 죄인에게 있어 유일한 희망이 됩니다.

② 절차: 병이 나았다고 판정되면, 병 나은 자는 정결한 살아 있는 새 두 마리와 백향목과 홍색실 그리고 우슬초를 가지고 옵니다(4절, 민 19:6, 시 51:7, 사 1:18).
의미: 두 마리의 새는 예수 그리스도의 죽음과 부활을 의미하며 백향목은 십자가를, 홍색실은 죄인을 향한 하나님의 사랑을, 마지막으로 우슬초는 죄인을 향한 하나님의 용서하심을 의미합니다.

③ 절차: 새 한 마리를 흐르는 물 위 질그릇 안에서 잡은 다음, 질그

룻에 흐르는 물과 그 피를 담습니다(5절).

　　의미: '흐르는 물'은 '맑고 정한 물'에 대한 관용적인 표현으로 새 한 마리는 정한 물이 담긴 질그릇 안에서 잡습니다. 질그릇 속에 담긴 물과 피는 우리를 위하여 죽으신 예수 그리스도의 물과 피를 의미합니다(요 19:34).

　　④ 절차: 물과 피를 백향목과 홍색실 그리고 우슬초에 찍어 병이 나은 자에게 일곱 번 뿌립니다. 살아 있는 새는 피를 뿌린 후 들에 놓아 줍니다(6-7절).

　　의미: 산 새(living bird)는 예수 그리스도의 부활을 의미하는 것입니다. 곧 예수 그리스도의 구속적인 사역으로 말미암아 나병 환자는 나음을 입게 되는 것이며 이것은 오늘날 모든 죄인들에게 행하신 예수 그리스도의 사역을 보여줍니다.

　　⑤ 절차: 정결함은 받은 자는 그의 옷을 빨고, 모든 털을 밀고(머리털, 수염, 눈썹...) 물로 몸을 씻으면 정결하게 되어 진에 들어 올 수 있었으나 제 칠일까지는 집에 들어와 거주할 수 없었습니다(8절).

　　의미: 정결함의 선언을 받은 자는 비로서 자신을 위하여 무언가를 하기 시작합니다. 죄로부터 무능했던 자가 이제 그리스도의 구속으로 말미암아 자신을 깨끗케 하는 것입니다. 그리스도의 구속은 정함받은 자로 하여금 그의 인격과 삶, 그 습관까지 변화를 가지고 오게 합니다.

⑥ 절차: 칠일 째 다시 모든 털을 밀고 옷을 빤 후 몸을 물에 씻으면 그는 정하게 되었습니다(9절).

　　의미: 칠일 째에 집에 들어갈 수 있었다는 것은 세 번째 교훈으로 첫 번째 교훈은 예수 그리스도의 구속으로 인한 사죄의 선언이며, 두 번째 교훈은 말씀으로 인한 습관과 삶의 변화라면-"청년이 무엇으로 그의 행실을 깨끗하게 하리이까 주의 말씀만 지킬 따름이니이다"(시 119:9), "남편들아 아내 사랑하기를 그리스도께서 교회를 사랑하시고 그 교회를 위하여 자신을 주심 같이 하라 이는 곧 물로 씻어 말씀으로 깨끗하게 하사 거룩하게 하시고"(엡 5:25-26)- 세 번째 교훈은 성령의 능력 안에 거하는 것을 의미합니다. 사죄를 선언받고 자신을 씻은 자는 더 나아가 진정한 교제의 풍성함으로 들어갈 수 있는 것입니다.

2) 정함을 받은 자가 제 팔일째에 진 안에서 드렸던 4가지 제사에 관하여 살펴봅시다(10-20절).

　제 팔일에 흠 없는 어린 숫양 둘과 일년 된 흠 없는 어린 암양 하나와 고운 가루 에바 십분 삼에 기름 섞은 소제물과 기름 한 록을 취하여 정결하게 하는 제사장은 정결함을 받을 자와 그 물건들을 회막문 여호와 앞에 두었습니다.

　첫 번째 제사는 속건제입니다.
　① 절차: 제일 먼저 행하여진 제사는 속건제입니다. 숫양 하나를 취하여 기름 한 록과 아울러 속건제를 드렸습니다.

의미: 속건제는 배상에 대하여 드리는 제사입니다. 왜 나병 환자의 정결 의식에 속건제가 드려졌는가는 더욱 깊은 묵상이 필요할 것입니다. 나병 환자는 죄를 상징하며 죄로 말미암아 진 밖에서 있었다는 것은 죄에 묶여 있음으로 말미암아 하나님께 향하여 손실을 의미하는 것입니다.

② 절차: 어린 숫양 한 마리를 여호와 앞에 흔들어 요제로 삼고 거룩한 장소에서 속건제물을 잡았으며 속죄제물과 마찬가지로 제사장에게 돌려졌습니다.

의미: 제물은 지극히 거룩한 것이었기 때문에 제사장들만이 거룩한 장소에서 먹을 수 있었습니다.

③ 절차: 속건제의 피는 정결함을 받은 자의 우편 귓부리, 우편 손 엄지가락, 우편 발 엄지가락에 발라졌습니다.

의미: 헛된 것, 어리석은 것, 부정한 것을 전하는 통로가 되었던 귀와 헛된 것, 어리석은 것, 부정한 것을 행하기 위해 내밀었던 손과 헛된 것, 어리석은 것, 부정한 것을 향하여 달음질 하였던 발이 사죄 선언을 받는 것입니다. 하나님 앞에 모든 것이 용서함을 받은 것입니다.

④ 절차: 제사장은 한 록의 기름(0.3 ℓ)을 취하여 자기 왼쪽 손바닥에 따르고 오른 손가락으로 왼쪽 손의 기름을 찍어 그 손가락으로 그것을 여호와 앞에 일곱 번 뿌린 후, 손에 남은 기름은 제사장이 정결함을 받

는 자의 오른쪽 귓부리와 오른쪽 손 엄지가락과 오른쪽 발 엄지가락 곧 속건제 희생의 피 위에 발랐습니다.

　의미: 기름이 속건제의 피 위에 부어졌습니다. 곧 그리스도의 피는 성령의 활동의 기초가 됩니다. 피로 말미암아 속죄의 선언을 받은 자는 이제 기름이 상징하는 바와 같이 하나님 앞에 성별되며 헌신하며 성령의 능력 안에 거하게 되는 것입니다.

　⑤ 절차: 남은 기름은 제사장이 그 정결함을 받는 자의 머리에 바르고 여호와 앞에서 속죄하였습니다.

　의미: 이는 정결함에 의한 의식을 확증하는 것이라 할 수 있습니다.

　두 번째 제사는 속죄제입니다. 제사장은 속죄세를 드려 그 부정함으로 말미암아 정결함을 받을 자를 위하여 속죄하였습니다.

　세 번째 제사는 번제입니다.

　네 번째 제사는 소제입니다.

3. 가난한 자를 위한 나병 정결 규례에 관하여 살펴봅시다(21-32절).

　일반적인 나병 정결 의식을 위해서는 흠 없는 숫양 두 마리와 일 년 된 흠 없는 어린 암양 한 마리와 또 고운 가루 10분의 3 에바에 기름 섞은 소제물과 기름 한 록이 필요하였습니다.

그러나 가난한 자들은 이를 준비하기 어려우므로 가난하여 그의 힘이 여기에 미치지 못하면 흔들어 자기를 속죄할 속건제를 위하여 어린 숫양 한 마리와 소제를 위하여 고운 가루 10분의 1 에바에 기름 섞은 것과 기름 한 록, 속죄제와 번제를 위하여 산비둘기 둘이나 집비둘기 새끼 둘을 준비하였습니다.

나병 정결 의식 제물	가난한 자를 위한 제물	용도
흠 없는 어린 숫양 한 마리	흠 없는 어린 숫양 한 마리	속건제
기름 한 록	기름 한 록	
일 년된 흠 없는 어린 암양 한 마리	산 비둘기나 집 비둘기 새끼 하나	속죄제
흠 없는 어린 숫양 한 마리	산 비둘기나 집 비둘기 새끼 하나	번제
고운 가루 10분의 3	고운 가루 10분의 1	소제

속죄제와 번제로 드려지는 양은 산 비둘기나 집 비둘기로 대체가 가능하였으나 속건제로 드려지는 흠 없는 어린 숫양 한 마리는 부유한 자나 가난한 자나 동일하였습니다.

4. 집에서 발생한 문둥병 색점에 관한 규례를 살펴봅시다(33-53절).

가나안 땅은 젖과 꿀이 흐르는 땅의 약속이 있는 곳입니다. 그러나 이스라엘은 분명히 그 땅이 완전하지 않음을 알았습니다. 가나안 땅은 영원한 안식의 예표가 되나 영원한 안식 자체는 아니었습니다. 그 곳의 집에서조차 나병 색점이 발생할 수 있었던 것입니다.

① 발생

"내가 네게 기업으로 주는 가나안 땅에 너희가 이를 때에 너희 기업의 땅에서 어떤 집에 나병 색점을 발생하게 하거든 그 집 주인은 제사장에게 가서 말하여 알리기를 무슨 색점이 집에 생겼다 할 것이요"

가옥에 발생한 나병을 집주인은 임의적으로 판단하고 처리할 수 없었습니다. 이러한 사실은 인간의 죄는 결코 사람에 의해서 판단되지도, 처리할 수도 없음을 알게 하시는 것입니다. 오직 참된 대제사장이 되시는 주 예수 그리스도께 우리의 죄를 고함과 치유와 사함을 입어야 할 것입니다.

② 제사장의 조치

"제사장은 그 색점을 살펴보러 가기 전에 그 집안에 있는 모든 것이 부정을 면하게 하기 위하여 그 집을 비우도록 명령한 후에"(36절)

제사장은 가옥의 색점을 살펴보러 가기 전에 집안을 비우도록 명령합니다. 이는 가옥으로 인해 집안의 물건들이 전염되는 것을 막기 위한 것입니다. 집의 부정은 심각합니다. 왜냐하면 집의 부정은 그 집 안에 있는 것들에 전염될 수 있기 때문입니다. 무엇보다도 하나님의 집인 교회를 거룩하게 하고 교회 자체가 세상에 물들지 않게 주의하여야 할 것입니다. 믿음의 사람들은 자신의 환경을 정결하게 하여 그 환경으로 말미암아 더러움에 물들지 않도록 주의하여야 하는 것입니다.

③ 제사장의 진단과 처리

"들어가서 그 집을 볼지니 그 색점을 볼 때에 그 집 벽에 푸르거나 붉은 무늬의 색점이 있어 벽보다 우묵하면 제사장은 그 집 문으로 나와 그 집을 이레 동안 폐쇄하였다가 이레 만에 또 가서 살펴볼 것이요 그 색점이 벽에 퍼졌으면 그는 명령하여 색점 있는 돌을 빼내어 성 밖 부정한 곳에 버리게 하고 또 집 안 사방을 긁게 하고 그 긁은 흙을 성 밖 부정한 곳에 쏟아버리게 할 것이요 그들은 다른 돌로 그 돌을 대신하며 다른 흙으로 집에 바를지니라"(36-42절)

집이 나병으로 의심될 경우 바로 진단하지 않고 이레 동안 폐쇄하는 이유는 집의 나병의 경우는 좀 더 신중하기 위함입니다. 또한 집이 나병으로 확증되었다고 할지라도 집 자체를 헐지 않고 부분적으로 나병이 든 곳을 처리합니다. 색점 있는 돌을 빼내어 성 밖 부정한 곳에 버리고 집 안 사방을 긁게 하고 긁은 흙은 성 밖 부정한 곳에 쏟아버리게 하고 다른 돌로 그 돌을 대신하며 다른 흙으로 집을 바르는 것입니다.

④ 재발과 처리

"돌을 빼내며 집을 긁고 고쳐 바른 후에 색점이 집에 재발하면 제사장은 또 가서 살펴볼 것이요 그 색점이 만일 집에 퍼졌으면 악성 나병인즉 이는 부정하니 그는 그 집을 헐고 돌과 그 재목과 그 집의 모든 흙을 성 밖 부정한 곳으로 내어 갈 것이며 그 집을 폐쇄한 날 동안에 들어가는 자는 저녁까지 부정할 것이요 그 집에서 자는 자는 그의 옷을 빨 것이요 그 집에서 먹는 자도 그의 옷을 빨 것이니라"(43-47절)

만일 부분적인 조치에도 불구하고 계속적으로 나병이 나타나게 되면 이제 그 집을 헐게 됩니다.

"그러므로 어디서 떨어졌는지를 생각하고 회개하여 처음 행위를 가지라 만일 그리하지 아니하고 회개하지 아니하면 내가 네게 가서 네 촛대를 그 자리에서 옮기리라"(계 2:5)

집을 폐쇄한 날 동안에 들어가는 자는 저녁까지 부정하며 그 집에서 자는 자와 먹는 자는 그의 옷을 빨아야 했습니다. 이는 세상과 접촉하는 것이 얼마나 우리들로 하여금 부정하게 하는지를 알게 합니다. 우리는 세상의 온갖 더러움에서 자신을 깨끗하게 하여야 할 것입니다.

⑤ 가옥을 위한 정결 의식
"그 집을 고쳐 바른 후에 제사장이 들어가 살펴보아서 색점이 집에 퍼지지 아니하였으면 이는 색점이 나은 것이니 제사장은 그 집을 정하다 하고 그는 그 집을 정결하게 하기 위하여 새 두 마리와 백향목과 홍색 실과 우슬초를 가져다가 그 새 하나를 흐르는 물 위 질그릇 안에서 잡고

백향목과 우슬초와 홍색 실과 살아 있는 새를 가져다가 잡은 새의 피와 흐르는 물을 찍어 그 집에 일곱 번 뿌릴 것이요 그는 새의 피와 흐르는 물과 살아 있는 새와 백향목과 우슬초와 홍색 실로 집을 정결하게 하고 그 살아 있는 새는 성 밖 들에 놓아 주고 그 집을 위하여 속죄할 것이라 그러면 정결하리라"(48-53절)

집을 고친 후에 색점이 집에 퍼지지 아니하면 제사장은 나병 환자의 정결 의식과 같은 의식을 그 집을 위하여 행하게 됩니다.

5. 나병에 관하여 집에 대한 교훈은 무엇입니까?

나병은 개인에 관하여, 환경에 관하여, 집에 관하여 우리들에게 보여 줍니다. 집은 곧 교회를 의미합니다. 이는 부르심 받은 우리 공동체를 의미하는 것입니다. 교회의 일부분이 부패하였다고 하여 전체 교회를 부수지는 않습니다. 하지만 집에 대한 교훈으로부터 우리는 우리 교회를 주시하고 살펴야 할 가르침을 받는 것입니다.

6. 나병 규례에 대한 맺음말을 살펴봅시다(54-57절).

54-57절의 말씀은 전체 13-14장의 맺음말이 됩니다.

"이는 각종 나병 환부에 대한 규례니 곧 옴과 의복과 가옥의 나병과 돋는 것과 뾰루지와 색점이 어느 때는 부정하고 어느 때는 정함을 가르치는 것이니 나병의 규례가 이러하니라"(54-57절)

묵상

01 나병의 정결 의식이 주는 교훈에 관하여 나누어 봅시다.

02 나병의 정결 의식에서 속건제의 교훈에 관하여 나누어 봅시다.

03 나병에 대한 규례 중 '집'에 발생한 나병의 교훈에 관하여 나누어 봅시다.

되새김

나병에 대한 교훈은 단지 어떠한 병적인 치유의 목적이 아닌 우리의 신앙과 보다 깊이 있게 연관시켜 보아야 합니다. 성경은 우리들의 육적인 치유가 아닌 우리의 영적인 치유와 회복에 관하여 알게 하시는 것입니다. 나병의 정결 의식이 단지 제사장이 선언으로 말미암은 것이 아닌 정결 의식의 과정은 우리의 회복의 시작과 목적이 어디에 있는가를 알게 합니다. 우리는 나병으로부터 치유함을 받아야 할 뿐만 아니라 나병으로 말미암아 잃어버린 참된 믿음의 삶에 대한 회복을 소망하여야 합니다.

PART

15

유출병
-죄의 유출-
15장1~33절

Key Point

우리는 이전 장들에서 정결한 짐승과 부정한 짐승에 관한 규례와 산모의 정결 의식, 나병에 관한 규례들을 살펴보았습니다. 이제 이러한 정결 의식들에 최종적인 또 하나의 정결 의식은 유출에 관한 규례입니다. 이미 살펴 본 모든 정결법들이 단지 의식적인 법들이 아닌 것과 마찬가지로 이번 장에 있어서도 영적인 교훈을 얻기 위해 힘써야 할 것입니다.

본문 이해

남자의 단기적인 유출현상과 남녀간의 동침에 의한 설정까지 부정한 것으로 여겼습니다. 이는 단순히 사람을 정죄하는 것에 목적이 있는 것이 아니라 거룩에 대한 개념을 가르치기 위한 하나님의 정하심니다. 인간에게 나오는 모든 유출 현상 곧 피, 고름, 배설물, 정액 등을 부정한 것으로 간주함으로 이러한 현상들을 통해서 인간의 삶을 신앙 안에서 경계하며 거룩하게 하시는 것입니다. 이러한 정죄가 아닌 경계는 보다 영적인 의미에서 고찰하여야 할 것입니다.

■ 레위기 15장의 구조적 이해
  레 15:1-12: 남자의 장기적인 유출병
  레 15:13-15: 유출병의 정결 의식
  레 15:16-18: 단기적인 유출에 대한 규례
  레 15:19-24: 여자의 단기적인 유출-생리
  레 15:25-30: 여자의 장기적인 유출병-혈루증
  레 15:31: 규례의 목적
  레 15:32-33: 맺음말

1. 유출병은 의학적으로 무엇을 의미하는 것입니까?
  유출병은 의학적으로는 하나의 성병으로 '임질'을 의미하는 것입니다. 이번 장에서 '몸'은 완곡한 표현으로, 사람의 생식기를 의미하며 잘못된 성생활로 말미암은 유출병을 의미합니다. 그러나 모든 유출이 임질을 의미하는 것은 아닙니다. 계속적인 유출병은 임질에 해당하고 설정은 남자들에게 있어 단기적인 유출 현상으로 의학적으로 병에 해당하는 것은 아닙니다. 남자에게 있어 유출은 장기적인 유출병으로서 임질과 단기적인 유출로서의 설정이 있으며 여자에게 있어 유출병은 장기적인 유출병으로서 혈루증과 단기적인 유출로 생리가 있습니다.

2. 유출병이 영적으로 의미하는 바는 무엇입니까?

유출을 포함하여 유출병은 영적으로 근원적인 죄에서 나오는 여러 가지 죄악들을 의미합니다. 이는 sin과 sins의 차이가 됩니다. sin은 근원적인 죄로서 우리는 이러한 죄됨을 나병에 관한 규례에서 살펴볼 수 있으며 다음으로 sins는 이 근원적인 죄에서 유출된 여러 가지 죄악을 의미합니다.

3. 유출병의 특징은 무엇입니까?

유출병의 특징은 그것과 접촉하는 모든 것을 부정하게 한다는 것입니다. 이전의 부정은 부정한 자와 접촉한 자에게만 영향을 끼쳤을 뿐 부정하게 된 자가 또 다른 부정을 유발시키지는 않았습니다. 이제 이러한 유출병은 더욱 강한 전염성을 가지고 있는 것입니다.

4. 장기적인 유출병에 관한 규례에 관하여 살펴봅시다(2-12절).

누구든지 그의 몸에 유출병이 있으면 그 유출병으로 말미암아 부정한 자가 됩니다. 첫 번째로 나온 이 유출병은 정상적인 성생활로 말미암은 것이 아닌 성병으로 말미암은 '임질'등을 뜻합니다. 또한 이 유출병은 단지 질병의 차원이나, 윤리적이고 도덕적인 차원에서 판단하는 것이 아닌 영적인 차원에서 교훈하십니다. 곧 죄로 말미암아 타락한 본성에서는 끊임없는 죄의 유출이 있는 것입니다.

유출병에 있어서 이러한 유출이 몸에서 흘러 나오든 그의 몸에서 막혔든지 부정한데(3절) 이는 죄가 외적으로 드러날 때에만 부정한 것이 아니라 감추어져 있고 품고 있을 때에도 역시 부정함을 알게 하시는 것입니다.

유출병에 있는 자가 눕는 침상은 다 부정하고 그가 앉은 자리도 다 부정하였습니다. 뿐만 아니라 그의 침상에 접촉하는 자는 그의 옷을 빨고 몸을 씻으며 저녁까지 부정하였습니다. 내적인 부정을 외적인 정결을 통해서 정결케 하는 것은 성경의 한결같은 가르침 중의 하나입니다. 외적인 정결은 내적인 정결의 표가 되는 것입니다. 내적인 부정은 외적인 부정을 가지고 옵니다. 외적인 부정 가운데 있는 자는 내적인 정결함을 위하여 먼저 외적인 정결을 위하여 힘써야 합니다. 외적인 부정 안에 있을 때에 내적인 정결함을 가질 수 없는 것입니다.

우리를 씻는 것은 물과 더불어 시간입니다. 우리는 이 시간들 속에서 죄에 대한 기억과 상처를 씻고 정결함으로 서야 할 것입니다.

5-12절은 부정하게 된 7가지 경우에 관하여 전합니다.
　① 유출병이 있는 자의 침상과 의자에 접촉하는 자(5-6절)
　② 유출병이 있는 자의 몸에 접촉하는 자(7절)
　③ 유출병이 있는 자가 정한 자에게 침을 뱉을 때(8절)
　④ 유출병이 있는 자가 탔던 안장(9절)
　⑤ 그의 몸 아래에 닿았던 것에 접촉하는 자, 그런 것을 옮기는 자
(10절)
　⑥ 유출병이 있는 자가 물로 그의 손을 씻지 아니하고 아무든지 만
질 때(11절)
　⑦ 유출병이 있는 자가 만진 질그릇과 나무 그릇(12절)

　①~⑥의 경우는 옷을 빨고 물로 몸을 씻으며 저녁까지 부정하였으
며 ⑦의 경우에는 질그릇은 깨뜨렸으며 나무 그릇은 물로 씻었습니다.

　질그릇을 깨뜨림을 보며 또한 흙은 만들어진 우리들은 얼마나 죄에
물듦이 두려움인지 깨달아야 합니다.

5. 유출병에 대한 정결 의식을 살펴봅시다(13-15절).
　유출병이 있는 자의 정결 의식은 다음과 같습니다.

① 유출병이 나음

② 7일을 기다린 후 옷을 빨고 흐르는 물에 몸을 씻음으로 정하게 됨

③ 여덟째 날에 산비둘기 두 마리나 집비둘기 새끼 두 마리로 속죄제와 번제를 드림

유출병이 나았다는 단순한 생리적, 위생적인 정결이 아닌 그는 자신을 씻음으로 거룩케 되어야 하며 하나님께 드리는 속죄제와 번제로 하나님과의 관계의 회복을 가져와야 하는 것입니다.

6. 유출병에 대한 정결 의식과 나병에 관한 정결 의식을 비교하여 봅시다.

유출병에 대한 정결 의식은 나병에 관한 정결 의식보다 값싼 제물을 요구합니다. 이는 단순한 경제적인 차원에서 볼 것이 아니라 그 심각성에 있어서 유출병에 관한 것이 나병에 관한 것보다 덜 심각하다는 것을 의미하는 것입니다. 그러나 우리는 유출병이 가진 특징, 그 전염성에 대한 심각성을 간과해서는 안될 것입니다.

유출병의 정결 의식의 제물	나병의 정결 의식의 제물
산비둘기 두 마리나 집비둘기 두 마리	흠 없는 어린 숫양 두 마리 기름 한 록 일 년된 흠 없는 어린 암양 한 마리 고운 가루 10분의 3

7. 단기적인 유출에 관하여 살펴봅시다(16-18절).

설정한 자는 단기적인 유출로 이는 몽정이나 정상적인 남녀간의 성 관계로 말미암은 경우입니다. 이처럼 정상적인 성관계의 결과를 부정 적으로 보는 것은 이것이 윤리적이고 도덕적인 차원이 아닌 타락한 인 간의 본성으로부터 흘러 나오는 죄악을 상징적으로 가르치시는 것입니 다. 끊임없이 흘러 나오는 인간의 욕망으로부터 인생은 한 낮 인생 뿐 임을 알아야 할 것입니다. 설정한 자는 전신을 물로 씻으며 저녁까지 부정하였습니다. 장기적인 유출병과는 달리 정상적인 과정에서 나오는 것이므로 제사는 없습니다.

정수가 묻은 모든 옷과 가죽은 물에 빨았으며 저녁까지 부정하였습 니다.

남녀가 동침하여 설정하였거든 둘 다 물로 몸을 씻으며 저녁까지 부 정하였습니다.

8. 여자의 단기적인 유출 현상(생리)을 살펴봅시다(19-24절).

여성의 단기적인 유출 현상은 생리를 뜻합니다. 생리 자체는 여성의 자연스러운 생리적인 현상입니다. 그러나 이러한 현상조차 부정함으로 가르치는 것 역시 윤리적이거나 도덕적인 또는 위생적인 차원이 아닌 영적인 교훈으로 타락한 본성으로부터 흘러나오는 모든 죄에 대한 경 각심을 갖게 하시기 위함인 것입니다.

여성의 유출이 피이면 7일 동안 불결하여 그를 만지는 자마다 저녁까지 부정하였습니다. 그가 불결할 동안에는 그가 누웠던 자리도 다 부정하며 그가 앉았던 자리도 부정하였습니다. 이는 남성의 장기적인 유출병의 경우와 같습니다(5-12절). 그의 침상이나 앉은 자리를 만지는 자는 옷을 빨고 몸을 물로 씻으며 저녁까지 부정하였습니다. 그의 침상 위에나 그가 앉은 자리에 위에 있는 것을 만지는 모든 자도 저녁까지 부정하였습니다. 직접적으로 부정한 자와 접촉하지 않은 간접적으로 접촉한 자 역시 부정케 되는 것입니다. 더 나아가 불결할 동안의 여인과 동침하면 그의 불결함이 전염되어 7일 동안 부정합니다.

9. 여자의 장기적인 유출 현상(혈루증)을 살펴봅시다(25-30절).

여성의 단기적인 유출인 '생리'에 대한 말씀에 이어 장기적인 유출로 이는 '혈루증' 등의 하혈 증세를 말합니다. 만일 여인의 피의 유출이 그의 불결기가 아닌데도 여러 날이 간다든지 그 유출이 그의 불결기를 지나도 계속되면 그 부정을 유출하는 모든 날 동안은 그 불결한 때와 같이 부정합니다. 여성의 장기적인 유출에 관한 여러 가지 규례는 앞선 남자의 장기적인 유출의 경우와 같습니다(2-15절).

10. 부정에 대한 교훈의 목적은 무엇입니까?(31절)

부정에 대한 규례는 첫째, 이스라엘 자손으로 하여금 그들의 부정에서 떠나게 함을 목적으로 합니다. 하나님께서는 그의 백성들을 거룩하게 하십니다. 둘째, 그들 가운데 있는 하나님의 성막이 더럽혀지지 않기 위함입니다. 결국 이스라엘 자손의 부정은 그 가운데 거하시는 하나님의 성막을 더럽히는 것입니다.

"너희는 너희가 하나님의 성전인 것과 하나님의 성령이 너희 안에 계시는 것을 알지 못하느냐 누구든지 하나님의 성전을 더럽히면 하나님이 그 사람을 멸하시리라 하나님의 성전은 거룩하니 너희도 그러하니라"(고전 3:16-17)

셋째, 이는 부정한 중에서 이스라엘 자손으로 죽지 않게 하시기 위함입니다.

11. 유출병 규례에 대한 맺음말을 살펴봅시다(32-33절).
"이 규례는 유출병이 있는 자와 설정함으로 부정하게 된 자와 불결기의 앓는 여인과 유출병이 있는 남녀와 그리고 불결한 여인과 동침한 자에 대한 것이니라"(32-33절)

묵상

01 죄의 유출을 의미하는 유출병을 살피며 죄의 끊없는 유출에 관하여 이야기
해 봅시다.

02 다시 한 번 sin과 sins의 차이를 구분하며 특별히 로마서 7-8장과 요한일
서 1장을 살피며 이에 대해서 정리하여 봅시다.

03 죄의 심각성에서 유출된 죄악은 근원적인 죄보다 덜 심각합니다. 왜냐하면
유출된 죄는 본연의 죄로부터 나왔기 때문입니다. 그러나 죄의 전염성에 대
한 유출된 죄악의 심각성을 살피며 더불어 나의 삶의 유출된 죄악들에 대한
심각성에 관하여 나누어 봅시다.

되새김

하나님은 우리들을 거룩으로 이끌기 전에, 우리들을 속죄하시기 전에 우리들의
연약함과 죄악들을 확연하게 드러내십니다. 성경에서 보여 주는 이러한 가르침
을 따라 자신의 연약함을 고백하고 회개하는 자에게 앞으로 펼쳐질 구속의 유
익들을 허락하여 주실 것입니다. 죄의 유출의 심각성을 다시 한 번 살피며 단순
한 외적이며 도덕적인 성결이 아닌 영적인 성결을 가질 수 있어야 하겠습니다.

PART

16

속죄일
16장1~34절

Key Point

삶의 연약함, 죄의 출생, 본성적인 죄, 죄의 유출에 이어 이제 하나님께서는 연약한 인생
들에게 속죄의 길을 열어 두셨습니다. 자신의 죄를 회개하는 자에게 하나님께서는 그 죄
를 사하시고 주 안에서 거듭나게 합니다. 속죄일 규례에 나타난 예수 그리스도의 모습을
살피며 우리들에게 베푸신 구속의 은혜를 감사하여야 할 것입니다.

본문 이해

앞선 11장부터 15장까지 인간의 연약함과 죄성은 이제 16장에서 해결됩니다. 죄는 삶의 영역에서, 출생, 본성에서부터 근원되어 끊임없는 유출을 야기하나 이제 이러한 모든 죄는 속죄일의 은총 아래 속죄되는 것입니다.

■ 레위기 16장의 구조적 이해

레 16:1-10: 속죄일을 위한 준비

레 16:11-22: 속죄일 의식

레 16:23-28: 속죄일 마무리

레 16:29-34: 속죄일을 명령하심

1. 아론의 죽은 두 아들에 대한 이야기를 상기하여 봅시다(1절).

그들은 나답과 아비후로서 하나님께서 명하시지 않으신 다른 불을 가지고 하나님 앞에 나아갔다가 죽임을 당하였습니다. 아론의 죽은 두 아들의 이야기로 본문을 시작하는 것은 대제사장이라 할지라도 적절한 준비와 명령하신 의식을 행하지 않고 속죄일의 의식을 행한다면 결국 그들처럼 죽임을 당할 것이라는 경고를 하시는 것입니다. 이는 참으로 엄중한 말씀입니다.

2. 속죄소 앞에 나아옴을 금함을 살펴봅시다(2절).

지성소의 속죄소 앞에 나아가는 것은 오직 대제사장만이 일년 중 한 차례에만 들어갈 수 있었습니다. 비록 대제사장이라 할지라도 아무 때나 지성소의 속죄소 앞으로 나아가는 것이 아니라 정해진 날 곧 속죄일이 되는 7월10일에 단 한 차례에 지정된 절차를 따라 들어갈 수 있었습니다.

3. 지성소에 들어가는 규례를 살펴봅시다(3-5절).

① 아론 자신을 위한 제물(3절): 아론이 지성소에 들어오려면 수송아지를 속죄제물로 삼고 숫양을 번제물로 삼았습니다. 이는 온 회중의 죄를 위하기 전에 먼저 대제사장 자신의 죄를 속하기 위함입니다.

② 복장(4절): 대속죄일의 대제사장의 복장은 에봇과 겉옷을 생략한 거룩한 세마포 속옷을 입고 세마포 속바지를 몸에 입고 세마포 띠를 띠며 세마포 관을 썼습니다. 화려한 대제사장의 옷이 아닌 대속죄일에 종된 모습으로 대제사장은 하나님 앞에 서는 것입니다. 대제사장은 물로 그의 몸을 씻고 입었습니다.

③ 이스라엘 온 회중을 위한 제물(5절): 아론은 이스라엘 자손의 회중에게서 속죄제물로 삼기 위하여 숫염소 두 마리와 번제물로 삼기 위하여 숫양 한 마리를 가져왔습니다.

4. 속죄일에 행하여지는 의식을 요약하여 봅시다(6-10절).

  ① 대제사장 아론은 자신과 집안을 위해 먼저 수송아지로 속죄제를
드립니다(6절).

  ② 대제사장은 염소 두 마리를 취한 후 제비를 뽑아 백성을 위하여 속
죄제를 드릴 염소와 "아사셀"을 위해 산 채로 광야로 보낼 염소를 결정
합니다(7-8절)

  ③ 여호와께서 속죄제를 드리기 위해 뽑은 염소를 백성을 위한 속죄
제로 드립니다(9절)

  ④ 나머지 염소를 회막문 여호와 앞에서 취하여 아사셀을 위하여 광
야로 보냅니다(10절).

5. 아사셀[25]이 의미하는 바는 무엇입니까?

  아사셀은 '죄를 지고가는 하나님의 어린 양'을 의미하며 예수 그리스
도의 대속을 위한 갖가지 고난의 모습을 보여줍니다. 백성들은 아사셀
이 백성 앞에 지나갈 때 자기 죄를 대신 지고가는 아사셀을 보며 자신
의 죄된 모습을 속에서 근신하는 하는 사람들이 있었으며 또는 이제는
자신과 상관없는 그 죄를 증오하고 미워하여 침을 뱉고 구박하는 이들

---

25) 개역개정의 '아사셀'보다 공동번역의 '아자젤'이 더 히브리어 음역에 가깝습니다.

도 있었습니다.

아사셀의 정확한 의미는 확실하게 단정하기 어렵습니다[26]. 첫째, 전통적으로 '염소'를 의미하는 '에즈'와 '떠나다, 가버리다'는 동사 '아잘'의 합성어로 염소가 이스라엘의 죄를 대신 지고 떠났음을 의미합니다. 둘째, 유대교 주석 전통으로 '거친 땅'이라는 의미의 '야쟈주'라는 아랍어 어근과 관련해서 아사셀을 추방된 염소를 밀어 떨어뜨려 죽이는 바위 절벽이나 낭떠러지 장소를 의미한다고 봅니다(레 16:22). 셋째, 유대 광야에 사는 귀신 이름으로 보는 것입니다. 이는 아사셀이 레위기 16장9절의 '여호와를 위하여'와 대응되는 위치에 있기 때문입니다. 실제적으로 구약의 위경인 에녹서에서는 아사셀이 귀신의 이름으로 사용되고 있습니다(에녹서 8:1, 9:1). 속죄 염소을 아사셀에게 보내는 것은 귀신에게 바치는 선물이나 제물이 아닌 이스라엘 백성의 모든 불의와 범죄의 원인 제공자에게 그 죄를 되돌려 보낸다는 의미가 있다는 것입니다.

이와 같이 아사셀의 어원과 단어에 대한 견해는 불확실하나 그 의미에 있어서는 명확합니다. 곧 죄의 실체가 이스라엘 백성에게서 격리되고 추방되며 근절된다는 것입니다.

---

26) 김중은, 『거룩한 길 다니리』, 291-293쪽.

유대 전통에 의하면[27], 대제사장은 빨간 띠를 두 개로 나누어 하나는 아사셀 염소의 목에 묶어 놓고 또 다른 하나는 성전에서 속죄제물로 죽임당할 염소에 묶어 놓았다고 합니다. 그리고 하나님을 위한 염소가 성전에서 속죄제물로 드려지기 위해 죽임을 당할 때 그 띠를 성전 문 앞에 걸어 놓습니다. 광야로 내쫓김을 받은 아사셀 염소는 예루살렘 시내를 거쳐 유대 광야 쪽으로 내쫓깁니다. 그러면 광야로 쫓겨 가는 아사셀 염소를 바라보는 이스라엘 백성은 마치 십자가에 주님께서 유대인들의 비난과 저주를 받으시며 십자가를 지심과 같이 아사셀 염소를 향하여 외칩니다. "짊어져라 짊어져라. 우리의 죄를 짊어져라. 그리고 저 광야에 가서 맹수들에게 잡혀 먹든지 낭떠러지에 떨어져 죽어버려라." 이스라엘 백성들은 아사셀 염소를 바라보면서 불쌍히 여기거나 측은히 여기지 않으며 온갖 욕을 다 퍼붓습니다. 그리고 회초리로 아사셀 염소를 때리고 돌을 던지고 채찍질을 합니다. 결국 이 아사셀의 염소는 몸의 찢김 가운데 광야에 염소의 피 냄새를 진동시켜 맹수들의 먹잇감이 되는 것입니다. 이는 더할 나위 없이 우리들을 위하여 고난의 십자가를 지신 예수 그리스도를 보이시는 것입니다. 빌라도에게, 군병들에게, 군중들에게 미움과 욕설과 저주와 때림과 채찍질을 받으신 주님께서 아사셀의 염소가 되셔서 우리의 죄를 대신 짊어지신 것입니다.

아사셀의 뒤를 따라갔던 제사장은 예루살렘으로 돌아와 아사셀 염

---

27) 소강석, 『거룩의 재발견』, 78-81쪽.

소가 죽었음을 알립니다. 그러면 성전 문 앞에 매달려 있던 빨간 띠가 하얀 띠로 바뀌어졌습니다. 이는 이스라엘 백성들의 죄가 용서 받았다는 것을 뜻하는 것입니다.

6. 속죄일의 피 뿌리는 의식에 관하여 살펴봅시다(11-19절).
　① 아론은 자신을 위한 속죄제의 수송아지를 잡습니다.

　② 피를 뿌리는 의식을 행하기 전에 먼저 번제단의 불로 채운 향로와 곱게 간 향기로운 향을 두 손에 채워 가지고 휘장 안에 들어가서 여호와 앞에서 분향하였습니다. 향로의 향연이 증거궤 위 속죄소를 가리게 함으로 자신을 죽지 않게 하였습니다.

　③ 지성소 속죄소에 피를 뿌리는 의식으로 아론은 수송아지의 피를 가져다가 손가락으로 속죄소 동쪽 곧 속죄소의 앞면에 뿌리고 또 손가락으로 그 피를 속죄소 앞에 일곱 번 뿌렸습니다. 또 백성을 위한 속죄제 염소를 잡아 그 피를 가지고 휘장 안에 들어가서 그 수송아지 피로 행함 같이 속죄소 위와 속죄소 앞에 뿌렸습니다.

　④ 지성소 안 속죄소에서의 제사를 끝낸 다음에 아론은 뜰로 나아와 번제단을 위하여 속죄하였습니다. 곧 수송아지의 피와 염소의 피를 가져다가 제단 귀퉁이 뿔들에 바르고 또 손가락으로 그 피를 그 위에 7번 뿌려 이스라엘 자손의 부정에서 제단을 성결하게 하였습니다.

⑤ 지성소와 회막과 제단 곧 성막을 위하여 속죄하기를 마친 후에 살아 있는 염소를 드리되 아론은 그의 두 손으로 살아 있는 염소의 머리에 안수하여 이스라엘 자손의 모든 불의와 그 범한 모든 죄를 아뢰고 그 죄를 염소의 머리에 두어 미리 정한 사람에게 맡겨 광야로 보냈습니다. 염소가 그들의 모든 불의를 지고 접근하기 어려운 땅에 이르거든 그 염소를 광야에 놓았습니다.

속죄의식이 거행되는 동안 대제사장을 제외한 누구도 회막에 있어서는 안되었습니다(17절). 대제사장이 홀로 지성소와 성소 그리고 회막 뜰에서 피 뿌리는 의식을 거행했습니다. 이것은 오직 대제사장만이 유일하게 하나님과 사람 사이에 중보자 역할을 했음을 보여 줍니다. 신약은 하나님과 사람 사이에 중보자는 오직 한 분 그리스도뿐임을 말합니다(딤전 2:5, 히 7:27-28).

7. 속죄제 후에 대제사장의 정결 의식을 살펴봅시다(23-28절).
속죄제가 끝난 대제사장은 정결 의식을 행합니다. 회막에 들어가서 지성소에 들어갈 때 입었던 세마포 옷을 벗어 거기 두고 물두멍에서 물로 그의 몸을 씻고 평소에 입던 대제사장의 에봇 옷을 입고 나와서 자기의 번제와 백성의 번제를 드려 자기와 백성을 위하여 속죄하고 속죄 제물의 기름을 제단에서 불사르며 염소를 아사셀에게 보낸 자는 그의 옷을 빨고 물로 그의 몸을 씻은 후에 진영에 들어갑니다. 속죄제 수송아지와 속죄제 염소의 피를 성소로 들여다가 속죄하였으므로 그 가죽과 고기와 똥을 밖으로 내다가 불사르며 불사른 자는 그의 옷을 빨고 물로 그의 몸을 씻은 후에 진영에 들어올 수 있었습니다. 속죄제물을 불사른 자는 염소를 아사셀에게 보낸 자와 정결 의식에 있어서 동일합니다.

8. 대속죄일 규례를 명령하심을 살펴봅시다(29-34절).

7월10일은 안식일 중의 안식일입니다(31절). 일년에 한 차례 있게 되어지는 대속죄일이 됩니다(34절). 7월10일 속죄일에는 스스로 괴롭게 하고 아무 일도 하지 않습니다. 이는 온 백성의 금식을 선포하는 것으로 7월9일 저녁부터 7월10일 저녁까지입니다. 이 날에 아무 일도 하지 않음은 온전히 이 한 날을 구별하여 회개함으로 정결하게 되기 위함입니다. 이 날에는 본토인이든지 이방인 중에서 이스라엘 백성들과 동화된 거류민이든지 그리하여야 합니다. 이 날의 놀라운 능력은 모든 죄에서 여호와 앞에 정결하게 되는 것입니다.

기름 부음을 받고 위임되어 자기의 아버지를 대신하여 제사장 직분을 행하는 제사장은 속죄하되 세마포 옷 곧 거룩한 옷을 입고 지성소를 속죄하며 회막과 제단을 속죄하고 또 제사장들과 백성의 회중을 위하여 속죄하여야 합니다.

묵상

01 속죄일에 속죄의 규례에 있어 대제사장이 먼저 자신을 위하여 속죄함이 가르치는 교훈에 관하여 나누어 봅시다.

02 대제사장 아론과 그리스도를 비교하여 봅시다.

03 속죄일 규례의 교훈에 관하여 나누어 봅시다.

되새김

16장의 속죄일에 대한 규례는 레위기의 전반부의 마지막이며 그 절정의 말씀입니다. 인간이 하나님께 나아갈 수 있는 여러 가지 제사법에서 인간이 하나님 앞에서 얼마나 멀리 있는가를 보여주신 이후 그러한 자들에게 속죄에 대한 선언을 하여 주신 것입니다. 그러나 나는 과연 하나님께서 그리스도를 통해서 열어 놓으신 그 새롭고 산 길을 따라 살아가고 있는지 살펴야 할 것입니다.

레위기

제2편 거룩한 백성

제4부

소극적, 개인적인 백성의 거룩한 삶
(17-20장)

PART

17

희생 제사에 관한 규례
17장1~16절

Key Point

레위기는 크게 1-16장과 17-27장으로 나누어집니다. 레위기의 후반부인 17-27장은 부정에 관하여 보다 광범위하게 다루며 여러 윤리 및 사회적 이슈들을 다룹니다. 17-20 장은 개인적인 거룩에 관한 규례, 21-22장은 제사장 규례, 23-27장은 공동체적인 거룩에 관하여 전합니다. 17장은 희생 제사의 규례를 통해 개인의 거룩에 관하여 교훈합니다.

본문 이해

　레위기의 구조는 마치 바울의 서신이 교리적인 부분과 윤리적인 부분으로 나누어졌듯이 1-16장과 17-27장으로 양분화되어 있습니다. 첫째 부분은 하나님께서 우리들에 가운데 행하신 은혜의 사역이 기술되어져 있고 둘째 부분은 하나님의 은혜에 대한 인간의 응답으로 행할 것들이 명령되어져 있습니다.

　레위기의 후반부가 되는 17-27장은 크게 세 부분으로 나누어집니다. 17-20장과 21-22장, 23-27장입니다. 레위기의 전체 주제는 거룩입니다. '제사장 나라'(1-16장)와 '거룩한 백성'(17-27장)에 관하여 전합니다. 먼저 제사장 나라가 되기 위하여 하나님과의 관계를 보다 조명하여 하나님과의 관계를 위한 제사, 곧 예배에 관하여 전하며, 레위기의 후반부는 거룩한 백성으로서의 삶에 관하여 전합니다. 이러한 구조 속에서 17-20장은 세상 속에서 구별되어져야 하는 개인적인 소극적 의미의 거룩한 삶에 관하여 전하며 23-27장은 보다 공동체적인 적극적 의미의 거룩한 삶에 관하여 교훈합니다.

■ 레위기 17-20장의 구조적 이해
　레 17:1-16: 희생 제물에 관한 규례

레 18:1-30: 세상 풍속의 경계

레 19:1-37: 거룩한 삶의 규례

레 20:1-27: 중죄와 처벌

■ 레위기 17장의 조적 이해

레 17:1-7: 회막 밖에서의 도축의 금지

레 17:8-9: 회막 밖에서의 제사를 금지

레 17:10-12: 피의 식용 금지

레 17:13-16: 사냥한 고기에 대한 규례

1. 17장1-2절의 도입 부분을 살펴봅시다(1-2절).

레위기 17-26장은 신학적으로 성결법전으로 불리는 부분입니다. 레위기의 구조와 레위기 17장에 대한 문제는 앞선 레위기의 구조의 각주를 참고 바랍니다(레위기의 구조, 각주 1번). 17장의 1-2절은 레위기의 체계적인 도입을 잘 보여줍니다(1:1, 4:1, 6:1, 7:28, 11:1, 15:1, 16:1-2, 18:1-2, 19:1-2).

"여호와께서 모세에게 말씀하여 이르시되 아론과 그의 아들들과 이스라엘의 모든 자손에게 말하여 이르기를 여호와의 명령이 이러하시다 하라"(1-2절)

2. 회막 밖에서 가축 잡는 것을 금지하는 까닭은 무엇입니까?(3-7절)

이스라엘 집의 모든 사람이 소나 어린 양이나 염소를 진영 안에서 잡든지 진영 밖에서 잡든지 먼저 회막 문으로 끌고 와서 여호와의 성막 앞에서 여호와께 예물로 드려야 했습니다. 구체적으로 가축을 잡는 곳은 성막 안의 번제단 북쪽 뜰에 해당하며 여호와 앞에 드리는 것은 가축의 피와 기름입니다. 희생 제물로 드려지는 가축뿐만 아니라 식용을 위해 잡는 가축도 반드시 성막 뜰에서 잡아야 했습니다.

이것은 이스라엘이 광야 생활을 하던 시절에 일시적인 금지 명령으로서, 한편으로는 다른 신에게 드려졌던 희생을 금지하기 위해서였으며(7절) 다른 한편으로는 가축을 잡을 때에 화목제를 먼저 하나님께 드림으로 모든 생물은 그 생명의 주권이 하나님께 있음을 고백하는 것이었습니다(5절). 이스라엘은 하나님의 율법이 선포된지 얼마 되지 않아 곧 우상숭배에 빠지고 맙니다. 그들은 하나님께 돌려야 할 영광을 버려 와 같은 우상의 형상에 돌린 것입니다. 이제 말씀은 성도로 하여금 사회 구조적으로까지 이러한 우상숭배에 빠지지 않게 하시는 것입니다. 비록 다소 엄격한 규례이지만 이러한 엄격한 규례들을 통해서 인생의 연약함에 대해서 보호하심이 되는 것입니다.

만일 여호와의 성막 앞에서 예물로 드리지 아니하는 자는 피 흘린 자로 여겼으며 그가 피를 흘렸으므로 자기 백성 중에서 끊어질 것입니다.

3. 회막 안에서 가축을 잡는 것은 누구에게까지 적용되었습니까?(8-9절)

　이스라엘은 일시적인 규례로 식용이든 제물이든 반드시 회막 밖에서 잡아서는 안될 뿐만 아니라 회막 밖에서 바쳐져서는 안되었습니다. 이처럼 반드시 회막 문으로 끌고 가서 여호와의 성막 앞에서 여호와께 예물을 드림은 이스라엘 집 사람뿐만 아니라 그들과 함께 거하는 거류민에게까지 적용되어집니다.

4. 피를 먹지 말아야 하는 이유는 무엇입니까?(10-16절)

　육축의 도축과 제사에 대한 엄격함은 이제 피에 대한 식용의 금지의 말씀으로 이어집니다. 이스라엘 집 사람이나 그들 중에 거류하는 거류민 중에서 무슨 피든지 먹는 자가 있으면 하나님께서 그를 백성 중에서 끊으십니다. 이는 첫째, 육체의 생명이 피에 있기 때문이며 둘째, 피가 죄를 속하기 때문입니다(11절). 이 피는 곧 예수 그리스도를 향한 것입니다. 곧 예표적인 피를 먹지 말아야 했으나 신약에 있어서는 이에 대한 성취로서 주의 피를 마시는 자라야 하나님의 나라에 합당한 사람이 되는 것입니다.

5. 사냥한 고기에 대한 규례에 관하여 살펴봅시다(13-14절).

　사냥하여 잡은 동물은 제물로 사용할 수 없었습니다. 하나님께 드리는 제물은 죽은 것으로 드리는 것이 아니라 번제단 북쪽 뜰에서 산 짐승을 잡아 드리는 것입니다. 야생동물은 사냥하여 잡음으로 회막에서 잡을 수 없는 것이며 이스라엘은 야생의 동물을 잡아서 단지 그 피를 흘리고 흙으로 덮은 다음 고기를 먹을 수 있었습니다.

6. 스스로 죽은 것이나 들짐승에게 찢겨 죽은 것에 대한 규례를 살펴봅시다(15-16절).

스스로 죽은 것이나 들짐승에게 찢겨 죽은 것을 먹은 모든 자는 본토인이거나 거류민이거나 그의 옷을 빨로 물로 몸을 씻을 것이며 저녁까지 부정하고 그 후에는 정하였습니다. 그가 빨지 아니하거나 그의 몸을 물로 씻지 아니하면 그가 죄를 담당합니다(레 11장39-40절).

묵상

01 믿음의 삶을 위해서는 삶의 구조가 믿음의 구조 속에서 형성됨이 중요합니다. 나의 삶의 환경과 구조는 믿음의 환경과 믿음의 구조를 가지고 있습니까?

02 제물을 한 곳에서만 잡는 이유에 관하여 나누어 봅시다.

03 피에 대한 신약적인 의미를 나누어 봅시다.
    "피가 죄를 속한다"는 개념은 신약에서의 그리스도의 죽음이 전제가 됩니다. "율법을 좇아 거의 모든 물건이 피로써 정결케 되나니 피 흘림이 없은 즉 사함이 없느니라"(히 9:22) 레위기의 제사는 완전하고 효력 있는 유일한 속죄의 제사인 그리스도의 죽음을 예표하고 있습니다.

되새김

개인적인 삶을 돌아보게 하며 성경은 무엇보다도 우리들의 환경적인 구조에 관하여 말씀하십니다. 누구도 믿음의 환경과 구조를 가지지 않은 채 신앙의 성숙 및 온전한 신앙을 가질 수는 없습니다. 더욱이 공동체의 지도자라면 더욱 더 이러한 면을 주목할 수 있어야 할 것입니다.

PART

18

세상 풍속에 관한 규례
18장1~30절

Key Point

17장은 개인의 거룩에 있어 내적으로 믿음의 삶에 관하여 다룬다면 18장은 외적으로 이 세대의 세속적인 풍속에 관하여 경계합니다. 세상적인 풍속이 가장 잘 드러나는 것은 바로 성적인 타락에서부터 찾을 수 있습니다. 말씀은 단지 성적인 타락을 넘어 세속적인 삶으로부터 믿음의 사람들을 경계하고 있는 것입니다.

본문 이해

17장의 말씀은 식용과 제물에 대한 육축의 도축과 제사 문제, 피의 식용에 대한 문제 등 이스라엘 규례의 내적인 문제들을 다루었습니다. 이는 외적인 세상과 구별되기 위한 내적인 규정들이 됩니다. 이제 18장은 이스라엘이 따라서는 안될 세상의 풍속에 관하여 다룹니다.

"너희는 너희가 거주하던 애굽 땅의 풍속을 따르지 말며 내가 너희를 인도할 가나안 땅의 풍속과 규례도 행하지 말고 너희는 내 법도를 따르며 내 규례를 지켜 그대로 행하라 나는 너희의 하나님 여호와이니라"(3-4절)

이스라엘이 세상의 풍속을 따라서는 안됨에 관한 말씀은 7번이나 반복하여 경고하며 말씀하십니다(3절-2회, 24절, 26절, 28절, 29절, 30절). 이방인의 풍속은 가증한 것이며, 땅을 더럽히는 것이며, 백성 중에서 끊어지게 하는 것입니다.

- 레위기 18장의 구조적 이해
  레 18:1-5: 이교 풍속의 경계
  레 18:6-18: 근친상간의 성 관계
  레 18:19-23: 금해야 할 가나안 풍속들

레 18:24-30: 규례를 범함에 대한 결과

1. 하나님께서 모세에게 말씀하심을 살펴봅시다(1-5절).

1-2절은 레위기의 전형적인 도입에 대한 연속을 보여주십니다(1:1, 4:1, 6:1, 7:28, 11:1, 15:1, 16:1-2, 17:1-2, 19:1-2).

"여호와께서 모세에게 말씀하여 이르시되 너는 이스라엘 자손에게 말하여 이르라 나는 여호와 너희의 하나님이니라"(1-2절)

하나님께서는 모세에게 말씀하여 이르시기를 너희는 너희가 거주하던 애굽 땅의 풍속을 따르지 말며 내가 너희를 인도할 가나안 땅의 풍속과 규례도 행하지 말라고 하셨습니다. 로마서 12장1-2절의 말씀과도 연결되는 말씀은 특별히 성에 관한 규례들을 제시합니다.

2. 근친상간으로 간주되어지는 성 관계들을 살펴봅시다(6-18절).

어머니(7절), 계모(8절), 누이 또는 의붓누이(9절), 손녀, 외손녀(10절), 이복누이(11절), 고모(12절), 이모(13절), 백모/숙모(14절), 며느리(15절), 형수/제수(16절), 의붓딸(17절), 의붓손녀(17절), 처제/처형(18절)

"각 사람은 자기의 살붙이를 가까이 하여 그의 하체를 범하지 말라 나는 여호와이니라 네 어머니의 하체는 곧 네 아버지의 하체이니 너

는 범하지 말라 그는 네 어머니인즉 너는 그의 하체를 범하지 말지니라…"(6-7절)

3. 금해야 하는 가나안의 풍습들은 무엇입니까?(19-23절)

세상의 풍속을 따르는 것만큼 가증한 것은 바로 하나님의 말씀으로 말미암은 규례를 멸시하는 것입니다. 너는 여인이 월경으로 불결한 동안에 그에게 가까이 하여 그의 하체를 범하지 말라 하였습니다. 여인이 불결한 동안이란, 매 달 생리 기간과, 출산 후 남자 아이 출산 후 40일과 여자 아이 출산 후 80일의 기간입니다. 여성의 분비물을 정결법상 부정한 것으로 여김으로 이 기간에 여인을 가까이 하는 자는 부정한 자로 여겨졌습니다. 모든 악의 시작은 말씀을 떠남으로 말미암습니다.

세상적인 성적인 문란함으로 이웃의 아내와의 동침(20절), 영적 간음(21절), 동성애(22절), 수간(23절) 등이 있습니다. 이 모든 것은 더러운 것이며 하나님을 욕되게 하며 가증하며 또한 문란한 것들입니다.

4. 이상의 규례를 범했을 경우 임하게 되는 결과는 무엇입니까?(24-30절)

세상 풍속, 특별히 가증한 성문화는 스스로를 더럽게 하는 일이며 이러한 더러움은 그 땅까지 더럽힙니다. 이는 하나님의 심판을 초래하며 그 땅도 그들을 토하여 냅니다. 결국 이 가증한 모든 일을 행하는 자는 그 백성 중에서 끊어집니다.

묵상

01 이 세대의 성도가 금하여야 할 세상적인 풍속은 무엇입니까?

02 성적인 순결과 하나님의 백성으로서의 구별됨의 회복에 관하여 이야기를 나누어 봅시다.

03 나는 세상적인 풍속으로부터 나를 멀리 하기 위하여 어떠한 노력을 하고 있습니까?

되새김

하나님께서는 하나님의 백성들을 구별되게 하셨습니다. 이것은 세상 속에서 분리되어져야 함을 의미하는 것은 아닙니다. 그러나 우리를 하나님께서 구별되게 행하셨다면 우리들도 스스로 이러한 하나님의 구별하심에 합당하게 자신을 거룩하게 하여야 할 것입니다. 거룩은 세상으로부터 분별됨이며 더 나아가 하나님 앞에 거룩한 예배자가 되는 것입니다(롬 12:1-2).

PART

19

거룩한 삶의 실천
19장1~37절

Key Point

17장의 거룩을 위한 내적 환경과 18장의 거룩을 위한 세속적인 풍속의 경계에 이어 19장에는 거룩한 삶에 대한 실천으로 여러 가지 윤리들이 구체적으로 나타나 있습니다.

본문 이해

17장은 식용과 제물에 대한 육축의 도축과 제사 문제, 피의 식용에 대한 문제 등 이스라엘 규례의 내적인 문제들을 다루었으며 18장은 이스라엘이 따라서는 안될 세상의 풍속에 관하여 다루었습니다. 이제 19장은 보다 거룩한 삶을 위한 실천적인 말씀이 이어집니다.

레위기 19장은 크게 세 부분으로 나누어집니다[28]. 1-10절, 11-18절, 19-37절입니다. 각 부분은 구조적으로 각각 통일성 있게 나누어지고 있으며 특징적으로 '나는 여호와이니라'는 말씀으로 구분됩니다.

먼저 1-10절은 거룩에 대한 명령과 더불어 '나는 너희의 하나님 여호와이니라'(3절, 4절, 10절)라는 말씀으로 4부분으로 나누어지며, 11-18절은 '나는 여호와이니라'(12절, 14절, 16절, 18절)라는 말씀으로 4부분으로 나누어지며, 19-37절은 수미쌍관의 구조로 너희는 내 규례를 지키라는 말씀으로 시작과 끝을 맺고 있으며 '나는 여호와이니라'는 말씀에 의해 8부분으로 나누어집니다(25절, 28절, 30절, 31절, 32절, 34절, 36절, 37절). 곧 19장은 총 16개의 작은 단락이 크게 세 단락으로 나누어진 구조입니다.

---

28) G. J. Wenham, 『레위기』(서울: 부흥과개혁사, 2014), 296-297쪽.

큰 단락으로 세 단락은 각각의 큰 주제를 가지고 있으며 첫 번째 단락은 '거룩'(2절), 두 번째 단락은 '사랑'(18절), 세 번째 단락은 '규례'입니다(19, 37절).

■ 레위기 19장의 구조적 이해

레 19:1-10: 너희는 거룩하라

레 19:1-2: 너희는 거룩하라

레 19:3: 부모 공경과 안식일 준수

레 19:4: 우상숭배 금지

레 19:5-10: 화목제와 양식의 나눔

레 19:11-18: 네 이웃 사랑하기를 네 자신과 같이 사랑하라

레 19:11-12: 도둑질하지 말라

레 19:13-14: 억압하지 말라

레 19:15-16: 불의의 재판을 하지 말라

레 19:17-18: 네 이웃을 사랑하라

레 19:19-37: 내 규례를 지키라

레 19:19-25: 혼합의 금지

혼합 교배의 금지(19절)

정혼한 여종과의 동침에 관한 규례(20-22절)

새로 심은 과목에 관한 규례(23-25절)

레 19:26-28: 이방풍습 금지

레 19:29-30: 신전 창기 금지

레 19:31: 신접한 자 금지

레 19:32: 노인 공경

레 19:33-34: 거류민 사랑

레 19:35-36: 공정한 거래

레 19:37: 결론적인 권면

1. 첫 번째 단락의 '거룩'에 관하여 살펴봅시다(1-10절).

　1) 거룩에 대한 명령을 살펴봅시다(1-10절).

하나님께서는 모세를 통하여 이스라엘 온 회중에 '거룩'에 관하여 명령하십니다.

　"너희는 거룩하라 이는 나 여호와 너희 하나님이 거룩함이니라"(2절)

거룩에 대한 명령의 말씀은 큰 첫 번째 단락의 주제이며, 19장 전체의 주제이며 더 나아가 레위기 전체의 주제이기도 합니다. 거룩은 단지 수동적으로 영적인 경건에 대한 말씀이 아닌 보다 능동적이며 실천적인 요구이심을 본 단락은 알게 합니다. 실천적 거룩에 대한 요구는 부모 공경과 안식일의 준수(3절), 우상 숭배 금지(4절), 이웃과 나눔(5-10절)으로 이루어집니다.

보다 세부적으로, 부모를 경외하고 안식일을 지키라 하심은(3절) 십계명의 두 계명이며 전체를 대표한 것으로 거룩의 삶은 하나님의 계명을 지켜 행함에 있는 것입니다. 특별히 이 두 계명은 십계명의 적극적인 계명임을 통해서 더욱 더 적극적으로 지켜야 함을 가르칩니다.

4절의 헛된 것들에게로 향하지 말며 너희를 위하여 신상들을 부어 만들지 말라 하심은 세상의 헛된 것에 마음을 빼앗기는 것은 바로 우상숭배와 같은 것임을 가르칩니다.

5-10절의 세 번째 거룩에 대한 구체적인 가르침은 화목제와 가난한 자들을 위한 배려를 묶고 있음을 주목해 보아야 합니다.

2) 화목제물에 대한 규례를 살펴봅시다(5-8절).

"너희는 화목제물을 여호와께 드릴 때에 기쁘게 받으시도록 드리고 그 제물은 드리는 날과 이튿날에 먹고 셋째 날까지 남았거든 불사르라 셋째 날에 조금이라도 먹으면 가증한 것이 되어 기쁘게 받으심이 되지 못하고 그것을 먹는 자는 여호와의 성물을 더럽힘으로 말미암아 죄를 담당하리니 그가 그의 백성 중에서 끊어지리라"(5-8절)

화목제는 자원제로서 제물을 먹음에 있어서 제사장뿐만 아니라 제물을 드리는 자가 함께 나누어 먹었습니다. 화목제의 세 가지인 감사제와 서원제와 자원제 중에 감사제는 제물을 당일에만 먹을 수 있었으나 서원제와 자원제는 이튿날까지 먹는 것이 허용되었습니다. 그러나 셋째 날까지 제물이 남았다면 이는 불살라야 했습니다.

3) 가난한 사람과 거류민을 위한 배려를 살펴봅시다(9-10절).

"너희가 너희의 땅에서 곡식을 거둘 때에 너는 밭 모퉁이까지 다 거두지 말고 네 떨어진 이삭도 줍지 말며 네 포도원의 열매를 다 따지 말며 네 포도원에 떨어진 열매도 줍지 말고 가난한 사람과 거류민을 위하여 버려두라 나는 너희의 하나님 여호와이니라"(9-10절)

이스라엘은 곡물을 수확할 때에 다음과 같은 두 가지를 준수하여야 합니다. 첫째, 다 거두지 않고 곡식의 일부를 남겨둡니다. 둘째, 떨어진 열매나 이삭은 다시 줍지 않습니다. 이와 같이 두 가지를 행하는 이유는 가난한 사람과 거류민을 향한 사랑의 배려입니다. 하나님께서 요구하시는 거룩은 바로 이러한 이웃을 향한 사랑과 배려로 말미암은 것입니다. 특별히 화목제물 규례에 대한 말씀과 가난한 사람과 거류민을 위한 배려의 말씀이 하나로 연결되어져 있음은 이웃을 향한 사랑은 넓은 의미에서 예배의 정신이 됨을 알 수 있습니다.

2. 두 번째 단락의 '사랑'에 관하여 살펴봅시다(11-18절).
   1) 도둑질을 금하심에 관하여 살펴봅시다(11-12절).
   "너희는 도둑질하지 말며 속이지 말며 서로 거짓말하지 말며 너희는

내 이름으로 거짓 맹세함으로 네 하나님의 이름을 욕되게 하지 말라 나는 여호와이니라"(11-12절)

도둑질하지 말라는 계명은 십계명의 제8계명에 해당합니다. 계속적으로 9계명과 3계명이 이어집니다. 악한 자들이 함께 악을 도모하듯이 도둑질과 속임과 거짓말과 거짓 맹세는 이웃에게 해를 끼치고 하나님의 이름을 욕되게 하는 것입니다.

2) 억압을 금하심에 관하여 살펴봅시다(13-14절).
"너는 네 이웃을 억압하지 말며 착취하지 말며 품꾼의 삯을 아침까지 밤새도록 네게 두지 말며 너는 귀먹은 자를 저주하지 말며 맹인 앞에 장애물을 놓지 말고 네 하나님을 경외하라 나는 여호와이니라"(13-14절)

이 세상에는 갑과 을이 존재합니다. 힘이 있는 사람은 얼마든지 힘 없는 자를 억압하고 착취할 수 있습니다. 때로는 이 땅의 법의 테두리 안에서 합법적으로 착취하는 것이 가능하기도 합니다. 그러나 믿음의 사람들은 모든 세상 법 위에 있는 하나님을 향한 경외함으로 이웃을 억압하거나 착취하는 일을 행해서는 안될 것입니다. 비록 귀먹은 자를 저주하는 소리를 귀먹은 자가 듣지 못하고 맹인 앞에 장애물을 놓는 일은 쉬울지라도 이 모든 것을 하나님께서 들으시고 보고 계시는 것입니다.

3) 불의한 재판을 금하심에 관하여 살펴봅시다(15-16절).

"너희는 재판할 때에 불의를 행하지 말며 가난한 자의 편을 들지 말며 세력 있는 자라고 두둔하지 말고 공의로 사람을 재판할지며 너는 네 백성 중에 돌아다니며 사람을 비방하지 말며 네 이웃의 피를 흘려 이익을 도모하지 말라 나는 여호와이니라"(15-16절)

재판에 있어서 주의해야 할 것은 한편으로는 가난한 자에 대한 동정입니다. 재판에 있어서는 가난한 자라도 편을 들어서는 안될 것입니다. 다른 한편으로는 권세에 대한 외압입니다. 재판에는 동정이나 권세에 영향을 받아서는 안되며 오직 공의로 사람을 재판하여야 합니다. 더 나아가 말씀은 돌아다니며 비방하는 일과 이웃의 피를 흘려 이익을 도모하는 일을 금하고 있습니다. 불의한 재판, 비방, 피흘림 모두 잠시 자신에게 이익이 있다고 할지라도 결국 하나님의 재판에 서게 될 것입니다.

4) 사랑의 대강령 말씀을 살펴봅시다(17-18절).

"너는 네 형제를 마음으로 미워하지 말며 네 이웃을 반드시 견책하라 그러면 네가 그에 대하여 죄를 담당하지 아니하리라 원수를 갚지 말며 동포를 원망하지 말며 네 이웃 사랑하기를 네 자신과 같이 사랑하라 나는 여호와이니라"(17-18절)

첫 번째 단락의 주제인 거룩이 먼저 선포되었다면, 두 번째 단락의 주제인 사랑은 마지막에 선포됩니다. 율법의 대강령은 '네 이웃을 사랑하기를 네 자신과 같이 사랑하라'는 것입니다. 진정한 사랑은 마음으로 형제를 미워하지 않으며 이웃의 잘못에 대한 견책합니다. 이웃의 잘못에 대한 묵인은 그에 대하여 죄를 담당하는 것입니다. 사랑은 원수를 갚지 말며 동포를 원망하지 말며 이웃 사랑하기를 자신과 같이 하는 것입니다.

3. 세 번째 단락의 '규례'에 관하여 살펴봅시다(19-37절).

주된 주제에 관하여 첫 번째 단락에서는(1-10절) 처음 부분에(2절), 둘째 단락에서는(11-18절) 마지막 부분에(18절), 세 번째 단락에서의 (19-37절) 주제는 처음과 마지막에 동시에 나타납니다(19, 37절).

"너희는 거룩하라 이는 나 여호와 너희 하나님이 거룩함이니라"(2절)

"네 이웃 사랑하기를 네 자신과 같이 사랑하라"(18절)

"너희는 내 규례를 지킬지어다...너희는 내 모든 규례와 내 모든 법도를 지켜 행하라"(19, 37절)

1) 혼합 금지에 관한 말씀을 살펴봅시다(19-25절).

첫째 규례는 혼합금지에 관한 말씀으로, 혼합 금지에 관한 말씀은 크게 세 종류의 말씀으로 이루어졌습니다. 첫째, 혼합 교미를 금지(19절) 둘째, 정혼한 여종과의 동침에 관한 규례 셋째, 새로 심은 과목에 관한 규례(23-25절)입니다. 이는 창조 세계에 관하여, 이웃에 관하여, 하나님께 향하여 구별됨을 증거합니다.

"너희는 내 규례를 지킬지어다 네 가축을 다른 종류와 교미시키지 말며 네 밭에 두 종자를 섞어 뿌리지 말며 두 재료로 직조한 옷을 입지 말지며"(19절)

먼저 혼합 교미의 금지에 관한 말씀입니다. 다른 종과의 교미와 같은 혼합 교배를 금지함은 첫째로는 창조의 질서에 어긋나며 둘째로는 거룩한 것과 세속적인 것, 신령한 것과 정욕적인 것에 대한 혼합을 금지하는 영적인 가르침을 줍니다.

"만일 어떤 사람이 다른 사람과 정혼한 여종 곧 아직 속량되거나 해방되지 못한 여인과 동침하여 설정하면 그것은 책망을 받을 일이니라 그러나 그들은 죽임을 당하지는 아니하리니 그 여인이 해방되지 못하였기 때문이니라 그 남자는 그 속건제물 곧 속건제 숫양을 회막 문 여호와께로 끌고 올 것이요 제사장은 그가 범한 죄를 위하여 그 속건제의 숫양으로 여호와 앞에 속죄할 것이요 그리하면 그가 범한 죄를 사함 받으리라"(20-22절)

둘째, 정혼한 여종과의 동침에 관한 규례입니다(20-23절). 정혼한 여종과 동침한 사람에 대한 규례로서 여종은 속량되거나 자유되지 못하였으므로 그 간음에도 불구하고 남자는 죽임을 당하지 않으나 속건제를 드리게 됩니다. 특별히 정혼한 여종과의 동침에 관한 규례는 섞음의 금지의 규례 가운데 있는데 이는 간음은 그 성격상 섞일 수 없는 것이 섞인 것이고 창조 질서에서 넘지 못하게 구별된 선을 넘어서는 것과 같기 때문입니다[29].

"너희가 그 땅에 들어가 각종 과목을 심거든 그 열매는 아직 할례 받지 못한 것으로 여기되 곧 삼 년 동안 너희는 그것을 할례 받지 못한 것으로 여겨 먹지 말 것이요 넷째 해에는 그 모든 과실이 거룩하니 여호와께 드려 찬송할 것이며 다섯째 해에는 그 열매를 먹을지니 그리하면 너희에게 그 소산이 풍성하리라 나는 너희의 하나님 여호와이니라"(23-25절)

셋째, 새로 심은 과목에 관한 규례입니다(23-25절). 십일조를 드림과 첫 것을 드리는 드림의 정신에 있어서 과목의 첫 것은 4번째 해의 소출로 여깁니다. 3년 동안은 그것을 할례 받지 못한 것으로 여깁니다. 이스라엘이 가나안 땅에 들어가 각종 과목을 심을 때에 3년 동안은 그 과실을 먹지 않고 4번째 해에 그 모든 과실을 하나님께 감사로 드리고 5번째 해에 먹습니다. 혼합의 금지는 이러한 하나님의 것에 대한 구별됨으로 그 결과 소산의 풍성함의 약속이 있습니다.

2) 이방풍습 금지에 관하여 살펴봅시다(26-28절).
"너희는 무엇이든지 피째 먹지 말며 점을 치지 말며 술법을 행하지

---

29) 김중은, 『거룩한 길 다니리』, 316쪽.

말며 머리 가를 둥글게 깎지 말며 수염 끝을 손상하지 말며 죽은 자 때문에 너희의 살에 문신을 하지 말며 무늬를 놓지 말라 나는 여호와이니라"(26-28절)

둘째 규례는 이방 풍습에 대한 금지로 1. 피째 먹음을 금함 2. 점을 금함 3. 술법을 행함을 금함 4. 머리 가를 둥글게 깎음을 금함 5. 수염 끝을 손상함을 금함 6. 죽은 자 때문에 살에 문신을 놓음을 금함. 이는 종교적이고 문화적인 이방 풍속을 금하는 것입니다.

3) 신전 창기 금지에 관하여 살펴봅시다(29-30절).
"네 딸을 더럽혀 창녀가 되게 하지 말라 음행이 전국에 퍼져 죄악이 가득할까 하노라 내 안식일을 지키고 내 성소를 귀히 여기라 나는 여호와이니라"(29-30절)

셋째 규례는, 이스라엘의 딸을 더럽혀 이방신전의 기생 혹은 창녀가 되는 것을 금하는 말씀입니다. 이는 음행이 전국에 퍼져 죄악이 가득하게 하는 것입니다. 안식일을 지키며 하나님의 성소를 귀히 여김을 이와 연관하고 있음을 주목하여야 합니다.

4) 신접한 자 금지에 관하여 살펴봅시다(31절).
"너희는 신접한 자와 박수를 믿지 말며 그들을 추종하여 스스로 더럽히지 말라 나는 너희 하나님 여호와이니라"(31절)

넷째 규례는 신접한 자를 금지합니다. 26절의 말씀에서 점을 치는 행위를 금지하였다면 이는 신접한 자나 박수를 의지함에 관하여 경고합니다. 이러한 자들을 믿고 추종하는 것은 스스로 더럽히는 것입니다.

5) 노인 공경에 관하여 살펴봅시다(32절).
"너는 센 머리 앞에서 일어서고 노인의 얼굴을 공경하며 네 하나님을 경외하라 나는 여호와이니라"(32절)

다섯째 규례는 노인 공경에 관한 말씀입니다. 경험보다는 새로운 지식을 더 가치있게 여기는 현대 사회는 노인에 대한 공경을 상대적으로 많이 잃어버렸습니다. 그러나 말씀은 노인에 대한 공경을 하나님을 경외함 가운데 말씀하고 있음을 잊지 말아야 합니다.

6) 거류민 사랑에 관하여 살펴봅시다(33-34절).
"거류민이 너희의 땅에 거류하여 함께 있거든 너희는 그를 학대하지 말고 너희와 함께 있는 거류민을 너희 중에서 낳은 자 같이 여기며 자기 같이 사랑하라 너희도 애굽 땅에서 거류민이 되었었느니라 나는 너희의 하나님 여호와이니라"(33-34절)

여섯째 규례는 거류민에 대한 사랑을 가르칩니다. 애굽에서 종되었던 이스라엘에 관한 말씀은 두 가지로 한편으로는 종에서 자유자가 되게 하신 하나님께 감사하며 다른 한편으로 그 때에 이스라엘이 거류민이 되었었음을 기억하고 이스라엘 가운데 있는 거류민들을 그들 중에서 낳은 자 같이 여기며 자기 같이 사랑하여야 할 것입니다.

7) 공정한 거래에 관하여 살펴봅시다(35-36절).
"너희는 재판할 때나 길이나 무게나 양을 잴 때 불의를 행하지 말고 공평한 저울과 공평한 추와 공평한 에바와 공평한 힌을 사용하라 나는 너희를 인도하여 애굽 땅에서 나오게 한 너희의 하나님 여호와이니라"(35-36절)

일곱째 규례는 공정한 거래에 관한 말씀입니다.

8) 규례 준수에 대한 마지막 당부의 말씀을 살펴봅시다(37절).
규례 준수의 마지막 말씀은 세 번째 단락의 마지막 8번째 문구가 됩니다.

"너희는 내 모든 규례와 내 모든 법도를 지켜 행하라 나는 여호와이니라"(37절)

묵상

01 종교적인 실천이라는 안목에서 내게 회복되어야 할 거룩한 삶의 실천은 무엇입니까?

02 이웃 사랑이라는 안목에서 내게 회복되어야 할 거룩한 삶의 실천은 무엇입니까?

03 거룩한 삶의 실천을 위하여 회복되어야 할 바에 관하여 나누어 봅시다.

되새김

"너는 이스라엘 자손의 온 회중에게 고하여 이르라 너희는 거룩하라 나 여호와 너희 하나님이 거룩함이니라" 하나님께서는 우리들의 삶을 거룩의 삶으로 부르셨습니다. 거룩은 단지 내적인 거룩이 아닌 그의 삶에서 구별된 삶의 열매로서 나타나는 실천적인 거룩이 되어야 합니다.

Key Point

17장의 거룩의 내적 구조와 18장의 세속적인 풍속의 경계 그리고 19장의 거룩의 삶의
실천에 이어 20장에서는 믿음의 사람들 속에 있는 거룩에 반한 가증한 범죄들에 대해
서 설명합니다. 가증한 것은 더러운 것 자체보다는 거룩한 것이 더럽게 되었을 때 일어
나는 것입니다.

본문 이해

17장의 이스라엘 규례의 내적인 문제, 18장의 세상 풍속의 경계, 19장의 거룩한 삶의 실천적인 말씀에 이어 20장은 이스라엘이 범해서는 안될 중죄와 이에 대한 처벌에 관하여 경고합니다. 20장의 중죄는 앞선 18-19장에서 이미 언급된 죄악들입니다. 그러나 앞선 말씀들이 단지 어떠한 죄에 대한 금지에 관하여 경고하고 있다면 20장의 말씀은 이러한 죄들 중에 중죄들의 처벌에 관하여 경고합니다[30]. 처벌은 크게 '죽임을 당하는 경우'(1-2절, 6절, 9-16절, 27절)와 '백성 중에서 끊어짐'(3-6절, 17-18절)과 '후손이 없는 경우'(19-21절)로 나타납니다.

20장의 첫째와 마지막 범죄에 대한 형벌은 돌로 쳐 죽이는 형벌입니다. 20장에서는 중한 규례를 범한 자들은 죽임을 당할 것을 경고합니다.

■ 레위기 20장의 구조적 이해
　레 20:1-6: 몰렉에게 드리는 제사와 접신한 자와 박수 무당을 따르

---

30) 전자는 절대법(Apodictic law)의 문체로 '~하라 하지 말라'의 말씀만을 언급하고 그규례들의 결과에 대하여 암시하지 않습니다. 그러나 후자는 조건법(Casuistic law)의 문체로 '~을 했을 경우 어떻게 처벌하라'는 처벌에 관하여 규정합니다.

는 자의 경고

레 20:7-8: 거룩에 대한 권면

레 20:9-21: 부모를 저주하는 자와 성적 부도덕에 대한 경고

레 20:22-26: 거룩 에 대한 권면

레 20:27: 접신과 박수 무당이 됨에 대한 경고

레위기 20장의 구조는 A - B - C - B´ - A´ 의 구조를 가집니다[31].

1. 몰렉에게 드리는 제사에 대한 경고를 살펴봅시다(1-5절).

이는 앞선 18장 21절의 말씀을 반복하며 더 자세히 전합니다. 이스라엘 자손이든 이스라엘에 거류하는 거류민이든지 그의 자식을 몰렉에게 주면 반드시 죽이되 그 지방 사람이 돌로 칠 것입니다. 하나님께서도 그 사람에게 진노하여 그를 그의 백성 중에서 끊을 것입니다. 이는 그가 그의 자식을 몰렉에게 주어서 하나님의 성소를 더럽히고 하나님의 성호를 욕되게 하였기 때문입니다. 그가 그의 자식을 몰렉에게 주는 것을 그 지방 사람이 못 본 체하고 그를 죽이지 아니하면 하나님께서 그 사람과 그의 권속에게 진노하여 그와 그를 본받아 몰렉을 음란하게 섬기는 모든 사람을 그들의 백성 중에서 끊으실 것입니다.

---

31) Jay Sklar, Leviticus: Tyndale Old Testament Commentaries, (Nottingham: Inter-Varsity Press, 2014), p. 254.

2. 접신한 자와 박수무당을 음란하게 따르는 자에 관하여 살펴봅시다(6절).

"접신한 자와 박수무당을 음란하게 따르는 자에게는 내가 진노하여 그를 그의 백성 중에서 끊으리니"(6절)

6절의 말씀은 레위기 19장 31절의 말씀을 반복하며 그 심판에 관하여 전합니다. 영적 간음에 해당하는 접신과 무당을 따르는 일은 하나님의 진노와 하나님의 백성에서 끊어짐을 당하게 됩니다.

3. 거룩에 대한 권면에 관하여 살펴봅시다(7-8절).

"너희는 스스로 깨끗하게 하여 거룩할지어다 나는 너희의 하나님 여호와이니라 너희는 내 규례를 지켜 행하라 나는 너희를 거룩하게 하는 여호와이니라"(7-8절)

20장의 구조는 19장의 구조와 다른 구조를 가지지만 20장은 19장과 같이 독립적이며 견고한 구조를 가집니다. 곧 거룩에 대한 7-8절의 말씀은 22-26절에서 반복합니다.

4. 자기의 아버지나 어머니를 저주하는 자의 형벌을 살펴봅시다(9절).

"만일 누구든지 자기의 아버지나 어머니를 저주하는 자는 반드시 죽일지니 그가 자기의 아버지나 어머니를 저주하였은즉 그의 피가 자기에게로 돌아가리라"(9절)

부모를 저주하는 죄는 사형에 해당되는 매우 중한 중죄로 경고합니다. 앞선 출애굽기의 사형에 관한 4가지 죄에 대하여서도 그 중에 두 가지가 부모와 관련되었음을 상기하여야 할 것입니다(출 21:12-17).

5. 간음하는 자에 대한 형벌을 살펴봅시다(10-21절).

20장의 중죄에 대한 말씀에 있어 거룩에 관한 교훈의 말씀 사이에 (7-8절, 22-26절) 두 가지로 부모에 대한 저주와 성적인 범죄에 관하여 전합니다.

① 남의 아내와 간음하는 자(10절): 그 간부와 음부를 반드시 죽임

② 아버지의 아내와 동침(11절): 둘 다 반드시 죽임

③ 며느리와 동침(12절): 둘 다 반드시 죽임

④ 동성애(13절): 반드시 죽임

⑤ 아내와 장모를 함께 동침: 그와 그들을 함께 불사름

⑥ 수간(15-16절): 그들과 짐승을 반드시 죽임

⑦ 자매와 동침(17절): 그들의 민족 앞에서 끊어짐

⑧ 월경 중의 여인과 동침(18절): 둘 다 백성 중에서 끊어짐

⑨ 이모나 고모와 동침(19절): 그들이 그들의 죄를 담당함

⑩ 숙모와 동침(20절): 그들은 그들의 죄를 담당하여 자식이 없이 죽을 것임

⑪ 형제의 아내와 동침(21절): 그들에게 자식이 없을 것임

6. 하나님께서 이스라엘에게 거룩을 요구하심을 살펴봅시다(22-26절).

"너희는 나의 모든 규례와 법도를 지켜 행하라 그리하여야 내가 너희를 인도하여 거주하게 하는 땅이 너희를 토하지 아니하리라 너희는 내가 너희 앞에서 쫓아내는 족속의 풍속을 따르지 말라 그들이 이 모든 일을 행하므로 내가 그들을 가증히 여기노라 내가 전에 너희에게 이르기를 너희가 그들의 땅을 기업으로 받을 것이라 내가 그 땅 곧 젖과 꿀이 흐르는 땅을 너희에게 주어 유업을 삼게 하리라 하였노라 나는 너희를 만민 중에서 구별한 너희의 하나님 여호와이니라 너희는 짐승이 정하고 부정함과 새가 정하고 부정함을 구별하고 내가 너희를 위하여 부정한 것으로 구별한 짐승이나 새나 땅에 기는 것들로 너희의 몸을 더럽히지 말라 너희는 나에게 거룩할지어다 이는 나 여호와가 거룩하고 내가 또 너희를 나의 소유로 삼으려고 너희를 만민 중에서 구별하였음이니라"(22-26절)

20장을 마무리하며 앞서 거룩에 관하여 요구하셨던 바와 같이(7-8절) 다시 거룩을 요구하십니다. 첫째, 모든 규례와 법도를 지켜 행하며 둘째, 가나안 족속의 풍속을 따르지 말며 셋째, 짐승과 새와 땅의 기는 것들의 정함과 부정함을 구별하며 넷째, 거룩할 것을 명령하십니다.

7. 접신한 자나 박수 무당이 된 자에 대한 경고를 살펴봅시다(27절).

"남자나 여자가 접신하거나 박수무당이 되거든 반드시 죽일지니 곧 돌로 그를 치라 그들의 피가 자기들에게로 돌아가리라"(27절)

27절의 말씀은 매우 단순합니다. 그러나 27절의 한 절의 말씀은 1-6절의 말씀과 대칭되며 20장 전체의 말씀을 요약하고 경고합니다.

묵 상

01 20장에서 경고하시는 중죄에는 어떠한 것들이 있습니까?

02 거룩을 위하여 필요한 것은 무엇입니까?

03 20장의 형벌이 주는 교훈에 관하여 나누어 봅시다.

되새김

거룩에 관한 가르침은 결코 사소하거나 작은 교훈이 아닙니다. 거룩의 상실은 단순한 거룩함의 상실만이 아닌 중죄로 자신을 방임하게 하며 더 나아가 이러한 중죄에는 무서운 형벌이 예비되어져 있기 때문입니다. 죄에 대한 형벌의 중함은 그가 당할 영원한 심판의 예표와 경고가 됨을 또한 잊지 말아야 할 것입니다.

레위기

제5부

제사장의 거룩
(21-22장)

PART

21

제사장 거룩에 관한 규례
21장1~24절

Key Point

21-22장은 제사장에 관한 규례입니다. 지금까지 일반 이스라엘 백성들의 소극적인 의미에서 거룩에 관하여 다루었다면 21장과 22장은 하나님의 거룩한 제사장들의 거룩에 관한 규례입니다. 특별히 21장은 제사장에 관하여 22장은 성물에 관하여 교훈합니다.

본문 이해

    레위기의 전반부와 후반부에는 각각 제사장에 관한 말씀이 그 중심에 있습니다. 1-16장에서 8-10장이, 17-27장에서 21-22장이 그러합니다. 8-10장은 제사장으로 위임을 받고 세워짐과 그들의 사역에 관하여 전한다면 21-22장은 이렇게 세워진 제사장들이 어떻게 구별되어야 하는가에 관하여 전합니다. 이는 전반부와 후반부의 각각의 큰 주제와도 같이 합니다.

    모든 그리스도인들은 제사장으로 부르심을 받았습니다. 그러므로 이번장은 바로 오늘 우리들에 관한 말씀이 됩니다.

    "너희도 산 돌 같이 신령한 집으로 세워지고 예수 그리스도로 말미암아 하나님이 기쁘게 받으실 신령한 제사를 드릴 거룩한 제사장이 될지니라"(벧전 2:5)

    "그러나 너희는 택하신 족속이요 왕 같은 제사장들이요 거룩한 나라요 그의 소유가 된 백성이니 이는 너희를 어두운 데서 불러 내어 그의 기이한 빛에 들어가게 하신 이의 아름다운 덕을 선포하게 하려 하심이라"(벧전 2:9)

21-22장은 각각 '나 여호와는 거룩함이니라'는 구절로 세 부분으로 나누어지며(21:8, 15, 23, 22:9, 16, 32) 이는 매우 정교한 레위기의 구조를 이룹니다.

■ 레위기 21-22장의 구조적 이해

  레 21:1-24: 제사장의 정결 규례 및 자격

  레 22:1-33: 성물에 관한 정결 규례

■ 레위기 21장의 구조적 이해

  레 21:1-9: 일반 제사장의 상(喪)과 결혼에 대한 규례

  레 21:10-15: 대제사장의 상(喪)과 결혼에 대한 규례

  레 21:16-24: 제사장의 신체적 결함에 대한 규례

1. 제사장들의 상(喪)과 가정에 관한 규례에 관하여 살펴봅시다(1-9절).

  ① 상(喪)에 관한 규례(1-6절)

  아론의 자손 제사장들은 그의 백성 중에서 죽은 자를 만짐으로 말미암아 스스로를 더럽히지 말아야 하나 그의 살붙이인 그의 부모나 자녀나 형제나 출가하지 않은 처녀인 그의 자매로 말미암아서는 더럽힐 수 있었습니다. 비록 제사장이라 할지라도 자신의 가족의 장례에는 함께 할 수 있는 예외 조항이 됩니다.

  제사장들은 상을 당하였을 때에 이방의 풍습을 좇는 행위인 머리털을 깎아 대머리 같게 하거나 자기의 수염 양쪽을 깎지 말며 살을 베지 말아야 합니다. 제사장은 그들의 하나님께 대하여 거룩하고 그들의 하나님의 이름을 욕되게 하지 말 것이며 그들은 하나님께 음식을 드리는 자이므로 거룩하여야 합니다.

② 가정에 관한 규례(7-9절)

제사장은 부정한 창녀나 이혼 당한 여인을 취하여서는 안됩니다. 이는 그가 여호와 하나님께 거룩하기 때문입니다.

어떤 제사장의 딸이든지 행음하여 자신을 속되게 하면 그의 아버지를 속되게 함이므로 그를 불사를 것입니다.

2. 대제사장의 상(喪)과 결혼에 관한 규례에 관하여 살펴봅시다(10-15절).

① 상(喪)에 관한 규례(10-12절)

앞선 말씀이 일반적인 제사장에 대한 말씀이라면(1-9절) 다음은 대제사장에 관한 상과 가정에 관한 규례에 대한 말씀입니다(10-15절). 대제사장에게는 일반 제사장들에게 보다 더 엄격한 제한들이 부과되고 있음을 살펴볼 수 있습니다. 대제사장은 하나님을 위한 사역에 전적으로 헌신했기에 심지어 자신의 부모님의 장사에조차 참여할 수 없었습니다. 어떠한 이유에도 대제사장은 자신의 직무를 수행하다가 직무를 중단한 채 성소에서 나올 수 없었습니다.

② 가정에 관한 규례(14-15절)

대제사장은 처녀를 데려다가 아내를 삼아야 했습니다. 과부나 이혼 당한 여자나 창녀 짓을 하는 더러운 여인을 취할 수 없으며 백성 중에서 처녀를 취하여 아내를 삼아야 했습니다.

3. 제사장직의 신체적 제한에 관한 규례에 관하여 살펴봅시다(16-24절).

제사장직을 수행함에 있어서 다음과 같은 신체적인 결함이 있는 자는 부적합하였습니다. 곧 맹인이나 다리 저는 자나 코가 불완전한 자나 지체가 더한 자나 발 부러진 자나 손 부러진 자나 등 굽은 자나 키 못 자란 자나 눈에 백막이 있는 자나 습진이나 버짐이 있는 자나 고환 상한 자나 흠이 있는 자는 나와 여호와께 화제를 드림으로 하나님께 음식을 드리지 못합니다. 이는 흠 없는 제물이 하나님께 드려지는 바와 같이 흠 없는 제사장을 요구하시는 것입니다. 이는 오늘날 신체적인 육체적인 가르침이 아닌 정신적이며, 영적인 교훈으로 받아들여져야 합니다. 곧 신체적인 맹인이 아닌 제사장으로서의 영적인 맹인으로 보아야 할 것을 보지 못하는 자가 되어서는 그의 직무를 온전히 감당할 수 없는 것입니다.

"아이 사무엘이 엘리 앞에서 여호와를 섬길 때에는 여호와의 말씀이 희귀하여 이상히 흔히 보이지 않았더라 엘리의 눈이 점점 어두워 가서 잘 보지 못하는 그 때에 그가 자기 처소에 누웠고 하나님의 등불은 아직 꺼지지 아니하였으며 사무엘은 하나님의 궤 있는 여호와의 전 안에 누웠더니"(삼상 3:1-3)

비록 그들은 하나님께 화제의 음식은 드리는 제사장직을 수행할 수 없으나 하나님의 음식인 지성물이든지 성물이든지 먹을 수는 있었습니다. 그들은 성막의 뜰까지는 들어갈 수 있으나 성소에 들어가지는 못하였고 제단 곧 향단에 가까이 할 수 없었습니다.

묵상

01 제사장의 상과 결혼에 대한 규례는 그의 직분의 수행을 위한 것입니다. 나는 하나님의 거룩한 제사장으로서 온전한 직분을 수행하고 있습니까?

02 제사장의 신체적인 흠은 그의 영적인 상태와 관련되어져 있습니다. 나는 과연 하나님의 거룩한 제사장으로서 하나님의 일을 하기에 합당한 순결함을 가지고 있습니까?

03 흠 없는 제사장에 관한 규례와 그리스도를 비교하여 봅시다(레 21:17-23, 히 7:26).

04 제사장의 흠없는 아내와 그리스도의 신부인 교회를 비교하여 봅시다(레 21:7-9, 13-15, 엡 5:27, 계 19:7-8, 21:2).

되새김

참된 제사장과 제물은 오직 우리 주 예수 그리스도이십니다. 그 분이 먼저 우리들에게 참된 대제사장과 참된 제물되심을 보이셨고 이제 우리들의 삶이 그분의 뒤를 따르며 그 분을 본받아 제사장과 하나님께서 열납 받으시는 참된 제물이 되게 하십니다.

22

성물에 관한 규례
22장1~33절

Key Point

21-22장은 제사장에 관한 규례입니다. 17-20장이 일반 이스라엘 백성들의 소극적인 의미에서 거룩에 관하여 다루었다면 21장과 22장은 하나님의 거룩한 제사장들의 거룩에 관한 규례입니다. 특별히 21장은 제사장에 관하여 22장은 성물에 관하여 교훈합니다.

본문 이해

21장과 22장은 제사장에 관한 규례의 말씀으로 21장은 일반 제사장 및 대제사장의 장례와 결혼에 관한 규례와 제사장의 신체적 결함과 사역의 제한에 관하여 교훈합니다. 제사장은 신체적으로 결함되어질 때에 그의 사역이 제한됩니다. 그러나 이러한 사역의 제한에도 불구하고 성물을 먹음에는 제한되지 않습니다. 그의 사역은 제한하시나 그의 생계를 제한하시는 바는 아닌 것입니다.

이제 22장은 21장의 연속으로 제사장의 성물에 관한 말씀이 이어집니다. 앞선 21장에서 신체적인 결함이 성물을 제한하지는 않았지만 몸의 부정은 성물에 제한을 가지고 오는 것입니다. 22장은 제사장의 성물에 대한 제한과 제사장 가족의 성물의 먹음의 범위와 마지막으로 화목제물을 중심으로 제물로 사용되어지는 짐승의 장애에 대한 문제까지 다룹니다.

앞서 언급한 바와 같이 21-22장은 각각 '나 여호와는 거룩함이니라'는 구절로 세 부분으로 나누어집니다(21:8, 15, 23, 22:9, 16, 32). 이는 매우 정교한 레위기의 구조를 이룹니다.

■ 레위기 22장의 구조적 이해

레 22:1-9: 제사장의 성물을 먹음의 제한 규례

레 22:10-16: 제사장 가족의 성물을 먹음의 범위에 관한 규례

레 22:17-33: 제물로 사용되는 짐승의 장애에 대한 규례

1. 제사장의 성물을 먹는 것과 관련된 규례를 살펴봅시다(1-9절).

이스라엘 자손이 하나님께 드리는 성물에 대하여 구별하여 하나님의 성호를 욕되게 함이 없어야 합니다. 제사장이 그의 몸이 부정하면서도 이스라엘 자손이 구별하여 여호와께 드리는 성물에 가까이 하는 자는 하나님 앞에서 끊어집니다. 아론의 자손 중 나병 환자나 유출병자는 그 정결하기 전에는 그 성물을 먹지 말 것이며 시체의 부정에 접촉된 자나 설정한 자나 무릇 사람을 부정하게 하는 벌레에 접촉된 모든 사람과 무슨 부정이든지 사람을 더럽힐 만한 것에게 접촉된 자는 저녁까지 부정하였으며 그의 몸을 물로 씻지 아니하면 그 성물을 먹지 못하였으며 해질 때에야 정하며 그 후에야 그 성물을 먹을 수 있었습니다. 시체는 스스로 자연사한 짐승으로 시체나 찢겨 죽은 짐승은 그 짐승의 몸에 피가 베어 있음으로 그러한 짐승으로 자기를 더럽히지 말아야 합니다. 하나님의 말씀을 가볍게 여기고 속되게 하며 욕되게 한다면 그로 말미암아 죄를 짓고 그 가운데서 죽게 됩니다.

2. 성물을 먹을 수 있는 범위에 관하여 살펴봅시다(10-16절).

일반인은 성물을 먹지 못합니다. 제사장의 객이나 품꾼도 성물을 먹

을 수 없습니다. 그러나 제사장이 일시적으로 고용한 품꾼이 아닌 돈으로 산 사람은 제사장의 종이 되어 재산과 가족의 일원으로 인정이 되어 그것을 먹을 수 있었습니다. 더 나아가 제사장의 종이 된 자에게서 출생한 자도 제사장의 음식을 먹을 수 있었습니다. 또한 제사장의 가족이라고 할지라도 딸이 일반인에게 출가하였으며 거제의 성물을 먹지 못하나 만일 그가 과부가 되든지 이혼을 당하든지 자식이 없이 그의 친정에 돌아와서 젊었을 때와 같으면 그는 성물을 먹을 수 있었습니다.

만일 누가 부지중에 성물을 먹으면 그 성물에 그것의 5분의 1을 더하여 제사장에게 주었습니다. 이스라엘 자손이 만일 성물을 속되게 하여 그 성물을 먹으면 그 죄로 인하여 형벌을 받게 할 것입니다. 이는 부지중이 아닌 고의적인 죄로 이에 대한 형벌은 죽음입니다(민 18:32).

※ 22장17절 이하는 온전한 제물에 관한 규례로서 역시 제사장과 관련되어 있는 것입니다. 제사장과 제물은 한 쌍을 이루며 참된 제사장과 참된 제물의 성취는 예수 그리스도 안에서 이루어집니다.

3. 화목제에 대한 추가적인 규례에 관하여 살펴봅시다(17-25절).
화목제에 대한 말씀은 레위기 3장, 7장11-34절, 19장5-8절, 22장17-30절에 나타나고 있습니다. 제일 먼저 3장의 말씀은 화목제에 대한 가장 일반적인 규례로서 이스라엘 자손을 대상으로 하며, 화목제의 세 가지 중에서 감사제에 관하여 말씀하십니다. 감사제는 화목제의 다른 제사인 서원제와 낙헌제(자원제)와 달리 수컷뿐만 아니라 그 제물에 있어서 암컷을 드릴 수 있었습니다. 또한 7장11-34절의 말씀에서는 서원제와 낙헌제에 대한 언급이 있으나 주된 말씀은 감사제에 대한 말씀의 연속이며 감사제는 서원제와 낙헌제와 달리 제물의 음식은 바로 당일에만 먹고 다음 날에는 먹지 못하였습니다.

19장5-8절의 화목제는 명확히 어떠한 제사인지 밝히고 있지 않으나 드리는 날과 이튿날까지 먹을 수 있는 서원제와 낙헌제에 해당합니다.

3장의 말씀은 1-5장의 5대 제사에 대한 말씀 속에서 이스라엘 자손에게 주신 말씀이며, 7장11-30절의 말씀은 6-7장의 아론과 그 자손들에게 주신 말씀 속에서 제사장들에게 주신 말씀이라면, 이제 22장17-30절의 말씀은 아론과 그 자손들과 이스라엘 온 족속에게 말씀하며, 더 나아가 그 중에 거류하는 자들에게까지 더욱 확장되어지는 것을 볼 수 있습니다(레 22:18). 레위기 3장과 7장11-34절의 말씀이 감사제를 중심으로 하여서 말씀하셨다면 19장5-8절과 22장17-30절의 말씀은 화목제의 또 다른 제사들인 서원제와 낙헌제에 관하여 보다 자세히 전합니다. 특별히 22장17-30절의 말씀은 서원제와 낙헌제에 관한 말씀을 자세하게 먼저 언급하시고(레 22:17-25) 감사제에 관한 말씀으로 마무리 짓습니다(29-33절).

이스라엘 자손이나 그 중에 거류하는 자가 서원제물이나 자원제물로 번제와 더불어 여호와께 예물로 드리려거든 기쁘게 받으심이 되도록 소나 양이나 염소의 흠 없는 수컷으로 드려야 합니다. 흠 있는 것은 기쁘게 받으심이 되지 못합니다(18-20절).

만일 누구든지 서원한 것을 갚으려 하든지 자의로 예물을 드리려 하여 소나 양으로 화목제물을 여호와께 드리는 자는 기쁘게 받으심이 되도록 아무 흠이 없는 온전한 것으로 합니다. 눈 먼 것이나 상한 것이나 지체에 베임을 당한 것이나 종기 있는 것이나 습진 있는 것이나 비루먹은 것을 여호와께 드릴 수 없으며 이런 것들은 제단 위에 화제물로 여호와께 드리지 못합니다(21-22절).

예외적으로 소나 양의 지체가 더하거나 덜하거나 한 것은 자원제물로 허용되었습니다. 이는 병적으로 문제가 있는 것이 아니라 성장에 있어 불균형을 이루는 것들을 의미합니다. 하지만 이러한 것들까지도 서원제물로는 드릴 수 없었습니다(23절). 서원제물은 더욱 엄격하게 드려졌음을 알 수 있습니다.

고환이 상하였거나 치었거나 터졌거나 베임을 당한 것은 결점이 있고 흠이 있는 것으로 하나님께서 기쁘게 받으심이 되지 못하므로 여호와께 드릴 수 없습니다(24-25절).

4. 제물로 받칠 짐승에 대한 추가적인 규례들을 살펴봅시다(26-28절).

수소나 양이나 염소가 나거든 이레 동안 그것의 어미와 같이 있게 하여야 합니다. 갓 태어난 짐승을 바로 제물로 삼을 수는 없습니다. 이는 생명에 대한 보호와 존엄성을 위한 것입니다. 여덟째 날 이후로는 여호와께 화제로 예물을 드리면 기쁘게 받으심이 됩니다.

암소나 암양을 막론하고 어미와 새끼를 같은 날에 잡음이 금하여졌습니다.

5. 감사제물에 대한 규례를 살펴봅시다(29-30절).

여호와께 감사제물을 드리려거든 기쁘게 받으시도록 흠 없는 제물로 드릴 것이며 그 제물은 그 날에 먹고 이튿날까지 두어서는 안됩니다. 화목제의 세 경우인, 서원제, 자원제, 감사제 중에 감사제를 제외하고 서원제와 자원제의 경우에는 이튿날까지는 먹는 것이 허용되었습니다(레 7:15-18).

6. 하나님의 계명 준수를 명령하심을 살펴봅시다(31-33절).

"너희는 내 계명을 지키며 행하라 나는 여호와이니라 너희는 내 성호를 속되게 하지 말라 나는 이스라엘 자손 중에서 거룩하게 함을 받을 것이니라 나는 너희를 거룩하게 하는 여호와요 너희의 하나님이 되려고 너희를 애굽 땅에서 인도하여 낸 자니 나는 여호와이니라"(31-33절)

묵 상

01　성물에 대한 교훈은 하나님의 일의 거룩성을 나타냅니다. 나는 하나님의 사역의 거룩함 가운데 행하고 있습니까? 가장 존귀한 것을 행하면서 가장 비천하게 여기지는 않습니까?

02　온전한 제물에 대한 교훈은 참된 예배의 수단이 무엇인가를 보여줍니다. 예수 그리스도로 말미암지 않은 모든 예배와 삶은 하나님 앞에 가증하고 허망한 것입니다. 나의 삶과 예배는 예수 그리스도로 말미암은 것입니까?

03　흠 없는 제물에 관한 규례와 그리스도를 비교하여 봅시다(레 22:18-30, 히 9:14, 벧전 1:9, 2:22).

되새김

성물을 먹을 수 있는 조건(1-16절)과 하나님께서 기뻐 받으시는 제물의 조건(17-33절)은 하나님께로 말미암은 구원과 영생이 얼마나 귀한 것이며 우리들이 하나님께 드리는 감사가 어떠해야 함을 교훈합니다.

레위기

제6부

적극적, 공동체적인 백성의 거룩한 삶
(23-27장)

PART

23

이스라엘의 7대 절기
23장1~44절

Key Point

레위기 23장은 이스라엘의 7대 절기에 관하여 전합니다. 이스라엘의 절기는 단순한 축제가 아닌 선민을 향한 신앙 교육의 장이 됩니다. 이스라엘의 7대 절기는 한편으로는 예수 그리스도와 하나님의 구속의 역사를 보여주며 다른 한편으로는 신앙의 성숙을 교훈합니다.

본문 이해

레위기 21-22장에서 잠시 제사장에게 주신 말씀을 하신 후에 다시 23-27장은 이스라엘 백성들에게 하시는 말씀입니다. 23-27장은 레위기의 마지막 부분으로 적극적인 거룩한 삶에 관하여 전합니다. 적극적인 거룩의 삶은 공동체적이며, 또한 보다 하나님과의 관계 속에서 이루어집니다. 절기(23장), 성소(24장), 안식년과 희년(25장), 축복과 저주(26장), 서원(27장) 등은 이러한 특징 가운데 있습니다.

특별히 23장의 7대 절기에 대한 말씀과 24장의 성소와 관련된 세 가지 말씀과 25장의 안식년과 희년에 대한 말씀으로 성막의 구조에 있어 뜰과 성소와 지성소를 보다 깊이 있게 살펴볼 수 있습니다.

■ 레위기 23-27장의 구조적 이해
　레 23:1-44: 이스라엘의 7대 절기
　레 24:1-23: 성소의 규례
　레 25:1-55: 안식년과 희년
　레 26:1-46: 축복과 저주
　레 27:1-34: 서원

■ 레위기 23장의 구조적 이해

레 23:1-3: 안식일

레 23:4-5: 유월절

레 23:6-8: 무교절

레 23:9-14: 초실절

레 23:15-22: 오순절

레 23:23-25: 나팔절

레 23:26-32: 속죄일

레 23:33-44: 초막절

1. 이스라엘의 7대 절기 전에 안식일에 관하여 말씀하심을 살펴봅시다 (1-3절).

　이스라엘의 7대절기 유월절, 무교절, 초실절, 오순절, 나팔절, 속죄일, 초막절을 말씀하시기 전에 먼저 안식일을 말씀하십니다. 안식일은 모든 절기의 정신을 담고 있습니다. 안식일에는 모든 절기의 열쇠와 같이 절기의 정신이 담겨져 있는 것입니다. 엿새 동안은 힘써 일하나 제칠일은 안식일입니다. 안식일은 단순히 일을 멈추고 쉬는 날이 아닌 하나님께서 창조하심을 기념하며(출 20:11), 더 나아가 하나님께서 베풀어주신 구속의 은혜를 기억하는 날입니다(신 5:15). 그러므로 안식일을 지키는 자는 하나님의 은혜에 감사로 응답하는 자로서 은혜 안에 있는 자이며 안식일을 지키지 않는 자는 하나님의 은혜와 감사를 기억하지 않음으로 스스로 은혜 밖으로 나아가는 자입니다. 안식일은 하나님께 감사하며 그 안에서 안식하며, 누리며 예배를 통해서 하나님과의 만남을 회복하는 절기의 정신이 됩니다.

2. 첫 번째 절기인 유월절에 관하여 살펴봅시다(4-5절).

이스라엘 7대 절기의 시작이 되며 첫 번째 절기는 '유월절'입니다. 구체적으로 유월절은 첫째 달 14일날 저녁을 가르킵니다.

"첫째 달 열나흗날 저녁은 여호와의 유월절이요"(5절)

유월절은 그 달을 이스라엘의 해의 첫 달이 되게 합니다. 이는 절기의 시작일 뿐만 아니라 신앙의 시작을 의미하는 것입니다. 유월절 어린양의 피로 말미암은 예식은 믿음의 시작이 바로 주 예수 그리스도의 피로 말미암은 은혜로 시작됨을 가르칩니다. 유월절의 기원과 의식에 대한 상세한 설명은 출애굽기 12장을 참고 바랍니다.

3. 두 번째 절기인 무교절에 관하여 살펴봅시다(6-8절).

이스라엘의 두 번째 절기는 무교절입니다. 무교절은 엄밀한 의미에서 유월절 다음 날인 1월15일부터 시작됩니다. 그러나 성경은 유월절을 무교절에 포함시킴으로 유월절과 무교절을 함께 사용합니다. 유월절은 무교절의 첫 날에 포함되는 것입니다. 유대인의 하루는 저녁부터 그 다음날 저녁까지입니다. 그러므로 14일부터 시작되는 절기 중에서 15일 또한 첫 날이 되어 이 첫 날에 성회로 모입니다. 첫 날 중에 14일 저녁은 유월절로 보내고 15일은 성회로 모이게 됩니다. 15일부터 시작하여 일주일간 무교병을 먹고 여호와께 화제를 드리며 21일이 되는 마지막 일곱째 날에도 성회로 모입니다.

유월절이 하나님의 어린 양인 예수 그리스도의 피로 말미암은 구속의 은혜를 가르킨다면 무교절은 이스라엘이 애굽을 떠남을 기념합니다. 그들은 누룩이 없는 떡을 고난의 떡이라고 부르며, 고난의 떡과 더불어 쓴나물을 먹음으로 애굽에서의 고난을 기억하는 것입니다. 신앙에 있어서도 유월절과 더불어 무교절이 있어야 합니다. 믿음은 예수 그리스도의 피로 말미암은 구속의 은혜뿐만 아니라 애굽에서 떠나듯 죄된 세상에서 결별하는 자기 부인이 있어야 합니다. 유월절과 무교절이 깊이 연관되고 연결되어지듯 피의 은혜와 물의 씻음은 깊이 있게 연관되어 있습니다.

4. 세 번째 절기인 초실절에 관하여 살펴봅시다(15-22절).

이스라엘 7대 절기의 세 번째 절기는 초실절입니다. 유월절과 무교절이 출애굽의 역사적인 현장에서 기원한다면 세 번째 절기가 되는 초실절은 이스라엘이 장차 가나안 땅에 들어간 이후에 지켜질 절기로 교훈합니다. 이는 하나님의 절기가 단순히 역사적인 산물이 아닌 구속사적인 하나님의 계획 속에서 이루어진 절기임을 확연하게 보여주는 것입니다. 세 번째 절기가 되는 초실절은 유월절 무교절과 더불어 무교절 기간에 있습니다. 곧 무교절의 안식일 이튿날에(11절) 곡물의 첫 이삭한 단을 제사장에게로 가져와 제사장은 그 단을 여호와 앞에 기쁘게 받으심이 되도록 흔들어 요제로 드리며 일 년 된 흠 없는 숫양을 여호와께 번제로 드리며 소제로는 평상시보다(민 28:13) 갑절의 분량이 되는 기름 섞은 고운 가루 10분의 2 에바를 여호와께 화제로 드려 향기로운 냄새가 되게 하고 전제로는 포도주 4분의 1 힌을 드립니다.

　이처럼 하나님 앞에 첫 것을 드리기전까지 어떠한 것이든 먹어서는 안됩니다. 이스라엘은 먼저 하나님께 예물을 드린 다음에 비로서 햇곡식을 먹은 것입니다.

　구속사적으로 유월절과 무교절이 예수 그리스도의 죽음을 보여준다면 초실절은 예수 그리스도의 부활을 교훈합니다. 이는 성도의 삶이 예수 그리스도의 피의 구속과 물의 씻음과 더불어 주께 드려야 할 주재권을 교훈합니다. 유월절과 무교절을 경험한 그리스도인들은 부활하신 그리스도께 마땅히 삶의 주재권을 드려야 합니다.

5. 네 번째 절기인 칠칠절에 관하여 살펴봅시다(15-22절).
　칠칠절은 유월절/무교절 기간 중 안식일 이튿날 첫 이삭을 드린 날 다음날부터 계산하여 7주 후에 거행되었습니다. 맥추절 혹은 오순절이라고도 불리우는 이 절기는 수확을 할 수 있게 하신 하나님께 대한 감사를 표시하며 성전 파괴 후에는 시내산에서 율법을 받은 것을 기념하는 목적으로 준수되었습니다. 만일 유월절이 해방의 기념을 의미한다면 오순절은 추수 감사와 종교의 형성을 기념하기 위한 절기입니다. 신약에 와서 이 절기는 성령께서 강림함으로써 오순절은 추수제에서 교회 탄생을 기념하는 성령강림절로 그 의미가 대체되었습니다.

칠칠절에는 새 소제로 여호와께 드립니다. 10분의 2 에바로 만든 떡 두 개를 만들되 고운 가루에 누룩을 넣어서 구운 것으로 요제로 하나님께 드리며 떡과 함께 일 년 된 흠 없는 어린 양 일곱 마리와 어린 수소 한 마리와 숫양 두 마리를 드리되 이것들을 그 소제와 그 전제제물과 함께 여호와께 드려서 번제로 삼습니다. 또 숫염소 하나로 속죄제를 드리며 일년 된 어린 숫양 두 마리를 화목제물로 드리며 제사장은 그 첫 이삭의 떡과 함께 그 두 마리 어린 양을 여호와 앞에 흔들어서 요제를 삼으며 이는 여호와께 드리는 성물로 제사장에게 돌립니다.

"너희 땅의 곡물을 벨 때에 밭 모퉁이까지 다 베지 말며 떨어진 것을 줍지 말고 그것을 가난한 자와 거류민을 위하여 남겨두라 나는 너희의 하나님 여호와이니라"(22절)

칠칠절 절기에 관한 규례에 대한 말씀 마지막에 가난한 자들을 향한 배려의 말씀은 하나님께 대한 의무로만 이 절기가 지켜지는 것이 아니라 가난한 자들에 대한 배려를 가지고 이 절기를 온전케 하여야 함을 가르칩니다.

※ 히브리 달력으로 7월에는 여러 절기가 집중됩니다. 7월1일에 나팔절, 7월10일에 속죄일, 7월15-22일에 초막절이 지켜졌습니다. 일곱째 달은 한 해의 농사가 종결되며 새로운 해가 시작되는 달입니다. 건조하고 무더운 여름이 끝나는 일곱째 달에 백성들은 포도와 감람 열매를 추수했으며, 백성들은 비가 오기를 고대하기 시작하였습니다. 이스라엘 달력으로 7월은 그때까지 영적으로 그리고 물질적으로 수고한 것들을 거두는 시기였습니다.

6. 다섯 번째 절기가 되는 나팔절에 관하여 살펴봅시다(23-25절).

일곱째 달의 첫날은 숫양의 뿔로 만든 "나팔"을 불어 기념한 날입니다. 여기서 나팔은 새로운 해의 시작을 알리는 신호로 사용된 듯합니다(민 29:2-6). 나팔절의 7월1일은 유대 종교력이며 민간력에 의하면 이 날은 1월1일에 해당됩니다.

7. 여섯 번째 절기가 되는 속죄일에 관하여 살펴봅시다(26-32절).

7월10일은 이스라엘 7대 절기 중에 여섯 번째 절기로 속죄일입니다. 보다 정확하게 7월9일 저녁부터 7월10일 저녁까지이며 이 날에는 대제사장이 일년에 단 한 차례 지성소에 들어가서 이스라엘 전체의 죄악을 속죄하는 날로 이는 예수 그리스도께서 단번에 영원한 속죄제를 행하심을 예표하는 것입니다. 이 날에 스스로 괴롭게 하지 아니하는 자는 그 백성 중에서 끊어질지라고 하셨습니다. 이 날에 백성들은 자신들의 일을 멈추고 하루 종일 금식하였습니다.

8. 일곱 번째 절기가 되는 초막절에 관하여 살펴봅시다(33-43절).

이스라엘 7대 절기의 마지막이 되며 이스라엘의 3대 절기 중의 하나인 초막절은 7월15일로부터 일주일 동안 지켜집니다. 이레 동안에 화제로 드리며 여덟째 날에도 성회로 따로 모였습니다.

구약의 이스라엘의 7대절기는 예수 그리스도와 하나님의 구속의 역사를 예표합니다. 곧 유월절과 무교절에서 예수 그리스도의 십자가의 죽음을 보고, 초실절에서 첫 열매가 되신 예수 그리스도의 부활을 보며, 맥추절에서 성령의 강림을 보고, 나팔절에서 재림의 나팔과 속죄일에서 유대인의 회개와 돌아옴을 보고, 마지막 초막절에서 천년 왕국과 하나님의 나라를 보게 됩니다.

또한 이스라엘의 7대절기는 신앙의 성숙의 과정을 보여줍니다. 곧 유월절은 예수 그리스도의 구속의 은혜를 보여주며, 무교절은 죄된 삶의 청산을, 초실절은 믿음의 삶의 가치의 기준을, 맥추절은 성령의 강림과 더불어 성령의 열매를, 나팔절은 복음의 증인된 삶을, 속죄일은 복음의 역사를, 마지막 초막절은 교회생활을 교훈합니다.

묵상

01   안식일의 정신에 관하여 나누어 봅시다.

02   이스라엘 7대 절기 속에 담긴 구속사적인 의미에 관하여 나누어 봅시다.

03   이스라엘 7대 절기 속에 담긴 신앙의 성숙의 과정을 나누어 봅시다.

되새김

이스라엘 7대 절기 속에 담긴 구속사적인 의미는 우리들의 신앙의 시작과 성장
과 목적이 어디에 있는가를 잘 보여줍니다. 이는 출애굽기를 통해서 보여주시는
바와 같으며 성막의 기구들을 통해서 보여주시는 바와 같습니다.

PART

24

성소의 규례와 신성 모독
24장1~23절

Key Point

24장에서는 세 가지 사건을 전합니다. 즉 성소의 등대를 밝히는 일과 진설병을 관리하는 일과 신성 모독한 자의 죄에 관한 말씀입니다. 세 사건은 한편으로는 긍정적으로 하나님을 섬기는 법을, 다른 한편으로는 부정적으로 하나님을 섬김에 있어서 주의해야 할 바에 관하여 알게 합니다.

본문 이해

24장은 성소에 위치한 등대와 진설병에 관한 규례 그리고 신성모독 사건을 전합니다. 이스라엘의 7대 절기가 이스라엘 백성들의 뜰에서의 삶을 통한 신앙의 성숙의 과정을 보여주신다면 25장은 성막의 위치에 있어 보다 성소와 관련이 깊습니다. 직접적으로 성소의 등대와 진설병에 대한 말씀을 전하며, 간접적으로 하나님의 이름을 모독한 사건은 성소 안 향단의 의미와 관련됩니다.

믿음의 삶은 삼위 하나님과 깊은 교제의 삶입니다. 성령과의 깊은 있는 교제는 성소의 등대를 통해서 교훈하십니다. 먼저 등대와 관련된 말씀을 주심은 성령의 역사 없이는 성소 안에서 어떠한 교통함도 있을 수 없기 때문입니다. 성소 안에서의 유일한 빛은 등대뿐입니다.

진설병에 관련된 말씀은 성자이신 예수 그리스도와의 교제를 교훈합니다. 진설병상 위에 진설되어진 12개의 떡은 이스라엘 12 지파를 나타내면서도 동시에 참된 양식이 되신 예수 그리스도 자신을 나타냅니다. 우리는 성령의 조명 가운데 하나님의 말씀을 통하여 예수 그리스도와의 교통함을 가질 수 있습니다.

마지막 성부 하나님과의 교제는 성소의 향단을 통하여 교훈합니다.

성령의 조명과 말씀 안에서의 삶은 하나님의 영광을 나타내는 삶으로 열매 맺습니다.

■ 레위기 24장의 구조적 이해

레 24:1-4: 등대에 관한 규례

레 24:5-9: 진설병에 관한 규례

레 24:10-23: 신성모독 사건

1. 성소의 등대에 대한 가르침을 살펴봅시다(2-9절).

등대의 설계는 출애굽기 25장31-39절, 등대의 제작은 출애굽기 37장17-24절, 완성된 등대의 성막의 설치는 출애굽기 40장24-25절을 참고하시기 바랍니다. 특별히 본문은 출애굽기 27장20-21절과 연관되며 민수기 8장1-4절에서 아론은 등대의 빛이 진설병에 비추도록 등대의 정렬에 관하여 명령을 받았습니다. 성소의 등대가 진설병을 비추고 있는 것은 이스라엘의 열 두 지파를 상징하는 12개의 진설병에 등대의 빛이 비춤으로 이스라엘을 비추시는 하나님 자신을 계시하시는 것입니다.

출애굽기 27장20-21절	레위기 24장1-4절
너는 또 이스라엘 자손에게 명령하여 감람으로 짠 순수한 기름을 등불을 위하여 네게로 가져오게 하고 끊이지 않게 등불을 켜되 아론과 그의 아들들로 회막 안 증거궤 앞 휘장 밖에서 저녁부터 아침까지 항상 여호와 앞에 그 등불을 보살피게 하라 이는 이스라엘 자손이 대대로 지킬 규례이니라	여호와께서 모세에게 말씀하여 이르시되 이스라엘 자손에게 명령하여 불을 켜기 위하여 감람을 찧어낸 순결한 기름을 네게로 가져오게 하여 계속해서 등잔불을 켜 둘지며 아론은 회막안 증거궤 휘장 밖에서 저녁부터 아침까지 여호와 앞에 항상 등잔불을 정리할지니 이는 너희 대대로 지킬 영원한 규례라 그는 여호와 앞에서 순결한 등잔대 위의 등잔들을 항상 정리할지니라

2. 성소의 진설병에 대한 가르침을 살펴봅시다(5-9절).

고운 가루로 각 덩이가 십분의 이 에바로 한 열 두덩이의 떡이 두 줄로 여섯 개씩 진열되었습니다. 또 정결한 유향을 그 각 줄 위에 두어 기념물로 여호와께 화제를 삼았으며 안식일마다 이 떡을 여호와 앞에 항상 진설하였습니다. 이는 이스라엘 자손을 위한 것으로 영원한 언약입니다. 이 떡은 아론과 그의 자손에게 돌리고 그들은 그것을 거룩한 곳에서 먹었습니다.

예수님께서는 자신을 향하여 "나는 세상의 빛이요"(요 8:12, 9:5), "내가 곧 생명의 떡이라"(요 6:35-48)고 말씀하셨습니다. 성만찬에서 주님께서는 자신을 살을 먹으라고 말씀하십니다. 곧 예수님 자신이 참된 빛이시며 참된 떡이 되십니다.

3. 신성모독 사건에 관하여 살펴봅시다(10-23절).

이는 이스라엘 자손 중에 애굽의 남자와 이스라엘 여인 사이에서 태어난 자가 이스라엘인과 진에서 다투다가 하나님을 모독한 사건입니다. 그의 어머니의 이름은 슬로밋이며 단 지파 디브리의 딸입니다. 그들이 그를 끌고 모세에게로 가서 그를 가두고 여호와의 명령을 기다리더니 여호와께서 다음과 같이 모세에게 말씀하셨습니다.

"그 저주한 사람을 진영 밖으로 끌어내어 그것을 들은 모든 사람이 그들의 손을 그의 머리에 얹게 하고 온 회중이 돌로 그를 칠지니라 너는 이스라엘 자손에게 말하여 이르라 누구든지 그의 하나님을 저주하면 죄를 담당할 것이요 여호와의 이름을 모독하면 그를 반드시 죽일지니 온 회중이 돌로 그를 칠 것이니라 거류민이든지 본토인이든지 여호

와의 이름을 모독하면 그를 죽일지니라"(14-16절)

하나님을 저주하고 모독한 자의 심판에 대한 말씀과 더불어 사람을 쳐죽인 자와 짐승을 쳐죽인 자와 동해보복법에 관한 말씀을 하심은 사람을 죽인 자의 죄는 죽음으로 밖에 갚을 수가 없고, 짐승을 죽인 자는 그 짐승으로 갚는다면 짐승보다 귀한 사람, 사람보다 존귀한 하나님의 이름을 모독한 자는 사람의 죽음으로도 갚을 수 없는 무서운 죄인 것을 알게 하시는 것입니다.

"모세가 이스라엘 자손에게 말하니 그들이 그 저주한 자를 진영 밖으로 끌어내어 돌로 쳤더라 이스라엘 자손이 여호와께서 모세에게 명령하신 대로 행하였더라"(23절)

묵 상

01 성소의 등대를 켜는 일이 주는 교훈을 나누어 봅시다.

02 성소의 순결한 상 위에 진설병을 두는 일이 주는 교훈을 나누어 봅시다.

03 신성모독 사건이 주는 교훈에 관하여 나누어 봅시다.

되새김

제사장이 등대의 불을 켜고 떡상의 떡을 진설하고 향단의 향을 지폈듯이 믿음의 사람들은 항상 자신 안에 계신 성령의 조명이 꺼지지 않게 하며 주의 말씀으로 양식을 삼고 하나님의 영광을 위하여 살 것입니다. 이것이 바로 성령 하나님, 성자 하나님, 성부 하나님과의 교통함이 되는 것입니다.

PART

25

안식년과 희년
25장 1~54절

Key Point

25장은 23장의 이스라엘 7대 절기에 대한 더욱 확장된 말씀으로 안식년과 희년의 말씀입니다. 안식년과 희년은 하나님의 주권에 대한 인정이며 하나님 안에 있는 자에게 이루어질 회복과 참된 안식을 보여줍니다. 이는 이스라엘 백성들이 가나안 땅에서 복을 받게 하시기 위한 제도적인 장치가 아닌 하늘의 영원한 안식의 모형으로서 우리들에게 주어진 것입니다.

본문 이해

　앞선 23장의 이스라엘의 7대절기와 24장의 성소와 관련된 규례는 이제 25장의 안식년과 희년으로 그 절정에 이르게 됩니다. 이는 성막의 구조 속에서 살펴볼 수 있습니다. 하나님의 말씀은 더 깊이 있는 삶으로 우리들을 인도하시며 또한 약속하십니다. 또한 25장은 앞으로 전개될 26, 27장과 깊은 관련을 가집니다. 이는 시내산에서 말씀하신 바로 큰 단락을 함께 구성합니다(레 25:1, 26:46, 27:34). 그러므로 25장 말씀 자체가 레위기 말씀의 절정이며, 결론이 됨을 알 수 있습니다.

■ 레위기 25장의 구조적 이해

　레 25:1-7: 안식년

　레 25:8-17: 희년

　레 25:18-22: 규례에 대한 명령

　레 25:23-28: 토지 무르기

　레 25:29-34: 가옥 무르기

　레 25:35-38: 가난한 동족에 대한 보호 규례

　레 25:39-46: 가난하게 되어 몸이 팔린 동족에 대한 보호 규례

　레 25:47-55: 가난하게 되어 이스라엘 땅에 우거하는 이방인에게
　　　　　　　　 몸이 팔린 동족에 대한 보호 규례

1. 25장의 말씀은 어디에서 주어진 말씀입니까?(1절)

25장의 시작에서 여호와께서 '시내 산'에서 모세에게 말씀하셨다고 전합니다(레 25:1). 장소적으로 시내 산이라는 말씀은 26장46절과 레위기 말씀의 마지막 구절인 27장34절에서도 반복됩니다. 레위기 1부가 끝이 나는 7장38절에서도 시내 산에 관하여 말씀하셨습니다. 앞서 증거하였듯이 레위기의 말씀이 출애굽기의 말씀과 구별되는 것은 하나님의 임재의 장소가 시내산에서 회막으로 이동됨에 있습니다(레 1장1절). 그러나 넓은 의미에서 아직 이스라엘 공동체와 회막은 시내산에 머물러 있었으므로 시내산에서 하나님께서 말씀하심은 그들이 여전히 시내산에 있었다는 것을 알게 합니다. 하지만 회막에서 말씀하시는 하나님께서 시내산에서 모세에게 말씀하심은 이 말씀들이 회막에 하나님께서 임재하시기 전에 시내산에서 모세에게 말씀하셨던 바를 알게 합니다. 레위기의 말씀은 단순히 장소적인 변화와 시간적인 순서를 우리들에게 전함이 아닌 그 말씀의 정신과 철학을 전함에 목적이 있는 것입니다. 그러므로 우리는 장소와 시간에 자유로운 말씀 속에서 하나님 말씀의 뜻을 분별하게 됩니다.

2. 땅의 안식과 관련된 희년의 규례들을 살펴봅시다.

1) 안식년의 규례에 관하여 살펴봅시다(2-7절).

이스라엘 자손이 하나님께서 주시는 땅에 들어간 후에 그들이 해야 할 바는 그 땅으로 여호와 앞에 안식하게 하는 것입니다. 6년 동안 그 밭에 파종하며 그 포도원을 가꾸어 그 소출을 거둘 것이나 일곱째 해에는 그 땅이 쉬어 안식하게 합니다. 이는 여호와께 대한 안식입니다. 그 밭에 파종하거나 포도원을 가꾸지 말며 거둔 후에 자라는 것을 거두지 말고 가꾸지 아니한 포도나무가 맺은 열매를 거두지 말아야 합니다. 이는 땅의 안식년입니다. 5절의 말씀은 거두지 말라고 하였으며 6-7절의 말씀은 먹을 것으로 삼으라 하였습니다. 곧 거두지 말라 함은 이를 저장을 목적으로 하거나 개인의 소유로 삼을 것이 아니라 공동의 재산으로 함께 나누어야 할 바가 됩니다. 이는 단지 자신뿐만 아니라 종과 가난한 사람들과 나그네와 짐승들과도 함께 나누어야 할 바가 됩니다. 이는 하나님의 안식년입니다.

"안식년의 소출은 너희가 먹을 것이니 너와 네 남종과 네 여종과 네 품꾼과 너와 함께 거류하는 자들과 네 가축과 네 땅에 있는 들짐승들이 다 그 소출로 먹을 것을 삼을지니라"(6-7절)

광야에서 이스라엘은 여섯째 날에 두 배의 만나를 거두었습니다. 일곱째 날에 만나가 없어도 그들은 전날에 거둔 만나가 썩지 않음으로 먹을 수 있었습니다. 이제 하나님께서 파종하지 않고 가꾸지 아니한 소출로 이스라엘을 먹이심은 하나님께서 친히 그들에게 주심을 알게 하시는 것입니다. 이는 하나님께서 주시는 것이며 마땅히 나누어야 할 바가 되는 것입니다. 이는 하나님의 소유에 대한 인정입니다.

2) 희년에 규례에 관하여 살펴봅시다(8-17절).

일곱 안식년을 계수하여 49년이 지나고 50년은 희년입니다. 7월10일은 속죄일로 뿔나팔 소리를 내되 전국에서 뿔나팔을 크게 불어 50년째 해를 거룩하게 하여 그 땅에 있는 모든 주민을 위하여 자유를 공포합니다. 각 사람은 각각 자신의 소유지로 돌아가며 자기의 가족에게로 돌아갑니다.

그러므로 땅을 팔 때에는 희년을 염두하여서 사고 팔아야 합니다. 희년의 연수가 많이 남았을 때에는 그 값이 비싸지고 희년의 연수가 얼마

남지 않았다면 그 값은 싸지게 됩니다. 그러나 이제 희년이 되면 모든 땅은 하나님께서 주신 본래의 소유인들에게로 돌아가게 됩니다.

희년은 하늘의 안식을 상징합니다. 이는 단순하게 소수의 손에 부가 집중되는 것을 방지하기 위한 사회정의를 목적으로 한 것이 아닙니다. 막대한 빚을 지고 종으로 팔려야 하는 자들에게, 이 땅에서 모든 소유를 잃은 바 된 자들에게 희년은 해방의 날이요 자유의 날이며 회복의 날이 되었습니다. 이 땅에서의 희년의 제도는 하나의 이상에 불가하였습니다. 한편으로 하나님 나라가 임할 때에 우리는 온전한 희년의 자유를 만끽하게 될 것입니다. 그러나 다른 한편으로 종말적이고, 미래적인 하나님 나라의 고대와 달리 예수 그리스도의 오심으로 이러한 종말은 예수 그리스도 안에서 이미 성취되었습니다. 믿음의 사람들은 삶은 이미 이루어진 하나님 나라와 오는 하나님 나라에 끼여 있는 것입니다.

3) 규례와 법도를 지켜 행할 것을 권면함을 살펴봅시다(18-22절).
앞서 말씀하신 안식년과 희년의 규례를 지켜 행할 것을 권면하십니다. 이를 지켜 행할 때에 그 땅에 안전하게 거주하게 되며, 땅은 그것의 열매를 내어 그들이 배불리 먹고 거기 안전하게 거주할 것입니다. 안식년과 희년의 말씀을 지켜 행함으로 무엇을 먹을까 염려함에 관하여 약속하시기를 하나님께서 명령하여 여섯째 해에 그들에게 복을 주어 그 소출이 3년 동안 쓰기에 족하게 하신다 하십니다. 이는 희년을 앞둔 안식년 전 곧 48년에 3배의 복을 주심으로 49년과 희년인 50년 뿐만 아니라 파종하고 아직 거두지 않은 51년째까지 넉넉하게 하시겠다는 말씀이 됩니다(21절). 일반적인 안식년의 경우에는 안식년 전에 배의 축복을 주심으로 여덟째 해에 파종하고 아홉째 해에 그 땅의 소출이 들어오기까지 묵은 것을 먹게 하십니다.

3. 기업 무르기와 관련된 희년의 규례들을 살펴봅시다.

1) 땅 무르기에 관하여 살펴봅시다(23-28절).

토지를 영구히 팔지 말라 하셨습니다. 이는 토지는 하나님의 것이기 때문입니다. 그들은 거류민이며 동거하는 자로서 하나님과 함께 하는 것입니다. 기업의 온 땅에서 그 토지 무르기를 허락하여야 합니다. 만일 형제가 가난하여 그의 기업 중에서 얼마를 팔았으면 그에게 가까운 기업 무를 자가 와서 그의 형제가 판 것을 무를 것이며 만일 그것을 무를 사람이 없고 자기가 부유하게 되어 무를 힘이 있으면 그 판 해를 계수하여 그 남은 값을 산 자에게 주고 자기의 소유지로 돌릴 것이며 만일 자기가 무를 힘이 없으면 그 판 것이 희년에 이르기까지 산 자의 손에 있다가 희년에 이르러 돌아올 것입니다.

2) 가옥 무르기에 관하여 살펴봅시다(29-34절).

가옥 무르기는 크게 성벽 있는 성 내의 가옥과 성벽이 둘리지 아니한 촌락의 가옥과 레위 족속의 성읍의 가옥과 레위인의 성읍 주위에 있는 들판에 대한 4가지 가르침으로 나뉩니다. 첫째, 성벽 있는 성 내의 가옥은 판 지 만 일 년 안에는 무를 수 있습니다. 곧 그 기한 안에는 무를 수 있으나 일 년 안에 무르지 못하면 그 성 안의 가옥은 산 자의 소유로 확정되어 대대로 영구히 그에게 속하고 희년에라도 돌려보내지 않습니다. 성벽 있는 성 내의 가옥은 부유한 사람들의 가옥으로 이들의 가옥은 희년법에 의하여 보장을 받지 못합니다. 이들은 부유한 자들로 인간의 기본 생활 이상을 누림으로 최소한의 생존권을 보장하고자 하는 희년의 정신에 부합되지 않는 것입니다. 그러나 이들의 가옥이라 할지라도 사유 재산을 보호하는 측면에 있어서 1년 안에는 무를 수 있었습니다. 둘째, 성벽이 둘리지 아니한 촌락의 가옥입니다. 성벽이 둘리지 아니한 촌락은 경제적으로 어려운 서민들의 가옥으로 그들의 가옥은 단순한 가옥이 아닌 삶의 생존권과 관련됩니다. 그러므로 그들의 가옥은 전토와 같이 물러 주기도 하며 희년에 돌려보내기도 하여야 합니다. 셋째, 레위 족속의 성읍의 가옥은 특별한 경우에 해당됩니다. 레위 족속은 이스라엘의 땅 분배를 받을 때에 별도의 기업을 받지 못하고 다만 48개의 성읍에 나누어 살게 되었습니다(민 35:1-8). 그러므로 그들은 그곳을 떠나서는 살 수 없으므로 그들의 성읍의 가옥은 언제든지 무를 수 있었으며 만일 레위 사람이 무르지 아니하면 그의 소유 성읍의 판 가옥은 희년에 돌려 보내었습니다. 마지막으로 레위 사람들의 성읍 주위에 있는 들판은 그들의 영원한 소유지로 팔 수 없었습니다. 이는 그들의 최소한의 생존을 위한 것으로 파는 것이 불허되었습니다.

4. 종 무르기와 관련된 희년의 규례들을 살펴봅시다(35-55절).
   1) 가난한 동족에 대한 보호 규례를 살펴봅시다(35-38절).

동족 형제가 가난하게 되어 빈 손으로 곁에 있거든 그를 도와 거류민이나 동거인처럼 너와 함께 생활하라 하였습니다. 그에게 이자를 받지 말고 하나님을 경외하여 그 형제로 너와 함께 생활하게 할 것이라 하셨습니다. 그에게는 이자를 위하여 돈을 꾸어 주지 말고 이익을 위하여 양식을 꾸어 주지 말라 하셨습니다.

2) 가난하게 되어 몸이 팔린 동족에 대한 보호 규례를 살펴봅시다 (39-46절).

동족 형제가 가난하게 되어 몸이 팔렸을 때에는 그를 종으로 부리지 말고 품꾼이나 동거인과 같이 함께 있게 하여 희년까지 섬기게 하라 하셨습니다. 동족 형제는 비록 신분적으로 종이 되었을지라도 종처럼 엄하게 부리지 말아야 하며, 팔지 말아야 했습니다. 그는 영원히 사람의 종이 아니기 때문입니다. 이는 하나님에 대한 경외함입니다. 동족 형제가 종이 되었을 때에는 6년 동안 섬기게 하고 7년째에는 자유를 주었으며 비록 6년을 섬기지 않았다고 할지라도 희년을 만나게 되면 그로 그의 가족과 그의 조상의 기업으로 돌아가게 하였습니다. 그러나 동족 형제가 아닌 이방인 중에서 종으로 삼았을 때에는 영원한 소유로 삼을 수 있었습니다.

3) 가난하게 되어 이스라엘 땅에 우거하는 이방인에게 몸이 팔린 동족에 대한 보호 규례를 살펴봅시다(47-55절).

가난하게 된 동족의 세 번째 경우로서 이스라엘 땅에 우거하는 이방인에게 몸이 팔린 때에 보호 규례에 관한 말씀입니다. 그가 팔린 후에 그에게는 속량 받을 권리가 있어 그의 형제 중 하나가 그를 속량하거나 또는 그의 삼촌이나 그의 삼촌의 아들이 그를 속량하거나 그의 가족 중 그의 살붙이 중에서 그를 속량할 것입니다. 만일 그가 부유하게 되면 스스로 속량하되 자기 몸이 팔린 해로부터 희년까지를 그 산 자와 계산하여 그 연수를 따라서 그 몸의 값을 정할 때에 그 사람을 섬긴 날을 그 사람에게 고용된 날로 여길 것입니다. 아직 희년까지 남은 햇수가 많으면 남은 햇수 만큼 많이 내고 나와야 합니다. 그는 종으로 팔릴 때에 받은 몸값에서, 그 집에서 일한 햇수의 품삯을 떼낸 나머지를 무르는 값으로 치르면 됩니다. 희년까지 남은 햇수가 얼마 되지 않으면, 그 햇수를 따져서 그 만큼 적게 치르면 됩니다. 이 때에는 그는 일한 햇수와 남은 햇수를, 자기를 종으로 산 주인과 함께 계산하여, 무르는 값을 정하여야 합니다. 이방인은 이스라엘 사람을 영원한 종처럼 부를 것이 아니라 삯군으로 여기며 엄하게 부리지 말아야 합니다. 만일 종이 된 이스라엘 동족이 이같이 속량되지 못하면 희년에 이르러서 그와 그의 자녀가 자유하게 되었습니다.

묵상

01 안식년이 보여주는 바 땅, 가난한 자들, 짐승에게까지 베풀어지는 은혜에 관하여 나누어 봅니다.

02 안식년이 주는 사회 경제적인 의미와 영적인 의미는 무엇입니까?

03 다음 구절을 함께 읽으며 참된 희년이 되신 그리스도를 묵상하여 봅시다. "주의 성령이 내게 임하셨으니 이는 가난한 자에게 복음을 전하게 하시려고 내게 기름을 부으시고 나를 보내사 포로된 자에게 자유를, 눈 먼 자에게 다시 보게 함을 전파하며 눌린 자를 자유롭게 하고 주의 은혜의 해를 전파하게 하려 하심이라"(눅 4:18)

되새김

누가복음에 의하면 예수님께서는 자신의 사역을 희년의 선포로 하시고 계십니다. 이는 참된 희년이 주 예수 그리스도 안에 있음을 우리들에게 보여 주시는 것입니다. 우리들의 안식처는 어디입니까? 우리들의 참된 안식처는 이 땅의 어느 곳에 있는 것이 아니라 우리의 내적 외적, 모든 굴레를 푸신 주 예수 그리스도 안에 있는 것입니다.

PART

26

축복과 저주
26장1~46절

Key Point

이제 레위기의 모든 가르침을 종결하시기 전에 하나님께서는 이 모든 하나님의 말씀을 듣고 지키고 행하는 자에게 주실 축복과 더불어 하나님의 말씀을 떠나 살 때에 어떠한 일이 있을 지를 예견할 수 있는 말씀을 주십니다. 곧 말씀에 순종하는 자에게는 축복이 약속되고 하나님의 말씀에 불순종하는 자는 심판을 받게 되는 것입니다.

본문 이해

25장에서 안식년과 희년의 말씀으로 레위기 말씀의 결론적인 말씀의 도입을 보여주였다면 이제는 말씀에 대한 순종과 불순종의 결과로 축복과 저주의 선포를 통해서 하나님의 말씀을 순종하고 따를 것을 권면하고 촉구하는 말씀입니다. 하나님의 말씀을 따라가는 자에게는 반드시 축복이 오지만 그 말씀에 불순종하고 거역하는 자에게는 반드시 저주가 뒤따르게 될 것입니다.

■ 레위기 26장의 구조적 이해

레 26:1-2: 하나님의 계명

레 26:3-5: 축복의 말씀 1-비와 풍성한 수확

레 26:6-10: 축복의 말씀 2-평화

레 26:11-13: 축복의 말씀 3-하나님의 임재

레 26:14-17: 첫 번째 저주-질병, 전쟁에서의 패배

레 26:18-20: 두 번째 저주-가뭄과 빈약한 추수

레 26:21-22: 세 번째 저주-들짐승

레 26:23-26: 네 번째 저주-염병과 기근을 초래하는 전쟁

레 26:27-39: 다섯 번째 저주-전쟁과 포로

레 26:34-39: 저주의 결과

레 26:40-46: 회개의 조건과 그 결과

1. 율법의 근본 원칙은 무엇입니까?(1-2절)

26장은 크게 축복(1-13절), 저주(14-39절), 회복의 약속(40-45절)의 세 부분으로 나누어져 있습니다. 이제 이러한 말씀을 전하심에 앞서 십계명을 요약적으로 전달하십니다. 2계명과 4계명의 말씀으로 하나님의 계명을 상기시키십니다.

2. 순종의 축복들에 관하여 살펴봅시다.

1) 비와 풍성한 수확의 선물(3-5절)

하나님의 규례와 계명을 준행할 때에 세 가지 축복을 약속하십니다. 첫 번째 축복은 풍성한 수확의 선물입니다. 하나님께서 철따라 비를 주시며, 땅은 그 산물을 내고, 밭의 나무는 열매를 맺으며, 타작은 포도 딸 때까지 미치며, 포도 따는 것은 파종할 때까지 미치며, 너희가 음식을 배불리 먹고 너희의 땅에 안전하게 거주하리라 말씀하십니다.

보통 3월에 보리 타작을 시작하여 밀 타작이 4월 말이나 5월 초까지 이어졌습니다. 그러나 이러한 타작이 포도 딸 때인 7월경까지 계속된다는 것은 대풍작을 의미하는 것입니다. 또한 포도 따는 것이 파종할 때까지 미친다는 것은 포도의 따는 것이 보리의 파종인 10월 경까지 계속되리라는 말씀입니다. 철따라 비를 내리시며 풍성한 소출로 배불리시며, 그 땅에 안전하게 하시겠다는 것은 하나님의 명령을 따라 행하는 자에게 주시는 축복이 됩니다.

2) 평화의 선물(6-10절)

하나님의 규례와 계명을 준행하는 자에게 주시는 두 번째 축복은 평화입니다. 하나님께서 평화를 주시므로 그들이 누울 때에 두렵게 할 자가 없을 것이며 사나운 짐승을 그 땅에서 제하실 것이며, 칼이 그 땅에 두루 행하지 아니하며, 원수들이 쫓김 바 될 것이며, 하나님께서 그들을 돌보아 번성하게 하며 창대하게 하시므로 이전 해의 묵은 곡식을 다 먹지도 못한 채 새 곡식을 먹게 되는 풍성함을 누리게 하실 것입니다.

3) 하나님 임재의 선물(11-13절)

하나님의 규례와 계명을 준행할 때에 주시는 세 번째 축복은 하나님의 임재입니다. 하나님 그 분 자신이 바로 축복이며 선물입니다. 내가 내 성막을 너희 중에 세우리니 내 마음이 너희를 싫어하지 아니할 것이며 나는 너희 중에 행하여 너희의 하나님이 되고 너희는 내 백성이 될 것이라 하셨습니다.

3. 저주에 관하여 살펴봅시다(14-39절).

※ 축복과 저주에 있어 저주는 일반적으로 축복보다 더 많은 것을 살펴볼 수 있습니다. 축복보다 저주가 더 많은 것이 일반적인 사실인데 이는 축복이 작은 것 같이 보이지만 그것이 없을 때의 삶이 어떠한 처지에 빠지는지 우리들에게 확연하게 보여 주시는 것입니다(참고 신명기 28장).

1) 첫 번째 저주: 질병, 전쟁에서의 패배(14-17절)

하나님의 말씀에 청종하지 아니하여 그 모든 명령을 준행하지 않는 자, 하나님의 규례를 멸시하며 마음에 하나님의 법도를 싫어하여 하나님의 모든 계명을 준행하지 아니하며 그 언약을 배반하는 자에게는 다음과 같은 저주가 임하게 됩니다.

첫째, 질병과 전쟁의 패배입니다. 질병은 내적인 하나님의 심판을 의미하며 전쟁의 패배는 외적이며 환경적인 심판이 됩니다. 혹 파종하였다고 할지라도, 더 나아가 많은 것을 거두었다고 할지라도 도리어 모든 것을 잃음은 더 큰 슬픔을 가지고 오게 될 뿐입니다.

"내가 너희를 치리니 너희가 너희의 대적에게 패할 것이요 너희를 미워하는 자가 너희를 다스릴 것이며 너희는 쫓는 자가 없어도 도망하리라"(17절)

2) 두 번째 저주: 가뭄과 빈약한 추수(18-20절)

하나님의 심판은 가중됩니다. 그 길에서 돌이켜 행할 때에 심판에서 벗어나게 되지만 여전히 돌이키지 아니하면 더욱 더 큰 심판이 준비되는 것입니다(18절, 21절, 23-24절, 27-28절).

"또 만일 너희가 그렇게까지 되어도 내게 청종하지 아니하면 너희의 죄로 말미암아 내가 너희를 일곱 배나 더 징벌하리라"(18절)

두 번째 저주는 가뭄으로부터 옵니다. 적절한 비가 내리지 않으면 그 추수는 빈약하게 됩니다. 하늘이 철과 같이 굳게 닫히고 땅이 놋과 같이 될 때에 아무리 인간적인 수고를 한다고 할지라도 헛될 뿐입니다. 땅의 산물을 얻지 못하며 땅의 열매를 거둘 수 없는 것입니다.

3) 세 번째 저주: 들짐승(21-22절)

세 번째 저주는 들짐승으로 말미암은 것입니다. 지금도 산에 양식이 떨어질 때에 맷돼지와 노루와 같은 짐승들이 농가까지 내려와 피해를 줍니다. 생태계의 파괴와 더불어 이루어지는 자연계의 불균형은 땅과 자연을 황폐화시키게 되는 것입니다. 땅이 황폐화되어지고 생태계의 혼란은 바로 그 곳에서 생계를 이루어 나아가는 사람에게 큰 저주가 아닐 수 없습니다.

도시화되지 않고 야생 동물의 직접적인 위험이 있었던 당시에는 들짐승에 의한 피해는 더욱 직접적일 수 밖에 없습니다. 이는 하나님의 심판이요 저주가 되는 것입니다.

4) 네 번째 저주: 염병과 기근을 초래하는 전쟁(23-26절)

회개하지 않는 자에게 주어지는 심판은 단지 하나의 심판이 아닌 가중적입니다. 대적에게 패하고 칼로 죽임을 당하며, 염병으로 말미암아 죽고, 남은 자들 또한 극심한 기근에 먹을 거리가 없게 될 것입니다.

"내가 너희가 의뢰하는 양식을 끊을 때에 열 여인이 한 화덕에서 너희 떡을 구워 저울에 달아 주리니 너희가 먹어도 배부르지 아니하리라"(26절)

5) 다섯 번째 저주: 전쟁과 포로(27-39절)

회개하지 않는 자에게 주어지는 가장 극심한 심판과 저주입니다. 들짐승에 의해서 죽임이 아닌 전쟁의 극심한 고통 속에서 부모가 그 자식을 먹는 처참함까지 보게 하는 일이 일어나게 되는 것입니다. 더 나아가 땅은 황폐화되고 그들은 그 땅에서 추방됩니다.

4. 저주의 결과에 관하여 살펴봅시다(34-39절).

하나님의 심판과 저주의 결과 백성은 그 땅에서 추방되어 원수의 땅에서 살게 되며 그 땅은 황무한 가운데 안식하게 될 것입니다. 백성은 원수의 땅에서 그 마음이 약하여져서 바람에 불린 잎사귀 소리에도 놀라고 공포심을 갖고 두려워하게 될 것이며 원수들의 땅에서 삼킨 바 될 것입니다. 그러나 하나님의 말씀에 불순종한 자들에게 하나님의 심판이 있으며 그 땅을 안식케 하시나 이는 훗날에 그 땅을 기름지게 하사 돌아오는 하나님의 백성들을 풍족케 하시는 하나님의 오묘한 섭리가 있는 것입니다.

5. 회개의 조건과 그 결과를 살펴봅시다(40-46절).

회복은 회개를 전제로 하며 회개는 또한 다음의 세 가지를 요구합니다. 첫째, 자복하는 것입니다(40절). 자신의 잘못을 고백하는 것이 바로 회개의 조건입니다. 이는 인정하는 것입니다. 회개란 단순한 내적인 인식과 감정이 아닌 외적인 고백을 동반합니다. 둘째, 깨달음입니다(41절). 이는 순서상으로 가장 먼저 되어야 할 바가 됩니다. 회개란 돌이킴이나 이 돌이킴은 자신의 죄를 알고 내적으로 깊이 깨닫고 이를 외적으로 고백함으로 이루어지기 때문입니다. 셋째, 죄악의 형벌을 기쁘게 받는 일입니다(41, 43절). 회개란 돌이키는 것입니다. 그러나 회개란 자신에게 주어진 고난 또한 기쁘게 받음으로 이루어집니다. 형벌을 피하는 것은 말씀의 가르침이 아닙니다. 형벌까지 기쁘게 받을 때에 하나님께서는 그 언약을 기억하사 그들이 버림 바 되지 않을 것이며, 아주 멸하여지지 아니하고 하나님의 언약이 폐하여지지 않을 것입니다.

묵 상

01 사사기의 역사의 반복을 살펴봅시다. 우리들의 삶 가운데 반복되어지는 하나님의 축복 ⇒ 하나님을 떠남 ⇒ 심판 ⇒ 부르짖음 ⇒ 구원하심과 축복 속에서 나는 어떠한 삶을 살고 있습니까?

02 하나님의 징계의 목적은 무엇입니까? 히브리서 12장5-13절을 함께 읽으며 생각해 봅시다.

03 오늘날 우리들은 어떠한 하나님의 축복을 누리고 있습니까?

되새김

하나님의 뜻은 우리들이 멸망하고 저주케 되는 것이 아니라 복을 받음에 있습니다. 때때로 하나님께서 우리들에게 내리시는 심판과 징계 또한 이 땅에서 작은 채찍을 들으셔서 영원한 생명의 길로 돌이키시기 위함인 것입니다. 오늘날 나에게 주어진 하나님의 축복과 저주는 무엇입니까? 오늘날 나의 삶에는 어떠한 결단이 있어야 하겠습니까?

서원
27장1~34절

Key Point

하나님이 그의 백성에게 미래에 행할 것을 약속하시는 26장의 축복과 저주는 어떤 의미에서 하나님이 그 백성에게 하신 서원으로 간주할 수 있습니다. 그렇다면 하나님이 백성에게 하신 서원에 이스라엘이 하나님께 행한 서원이 27장에 이어지는 것은 자연스럽습니다. 이는 하나님의 부르심에 대한 인간적인 응답인 것입니다.

본문 이해

  25-27장은 레위기 말씀의 결론입니다. 25장이 안식년과 희년을 통해서 절정의 말씀을 보여주셨다면 26장은 축복과 저주의 말씀을 통해서 말씀에 대한 순종을 촉구하며 마지막 27장은 서원의 말씀을 통해서 이스라엘의 응답의 모습을 보여줍니다. 27장의 위치에 대한 설명은 많은 논란이 있지만 26장의 축복과 저주를 하나님께서 이스라엘 백성에게 하신 하나님의 서원으로 간주한다면 27장을 이스라엘이 하나님께 드리는 서원으로 봄은 자연스럽습니다[32]. 레위기는 5대 제사에 관한 말씀으로부터 시작하여 서원의 말씀으로 마칩니다.

■ 레위기 27장의 구조적 이해
  레 27:1-8: 사람을 바치는 서원
  레 27:9-13: 가축을 바치는 서원
  레 27:14-15: 집을 바침
  레 27:16-21: 기업인 밭을 바침
  레 27:22-25: 매입한 밭을 바침
  레 27:26-27: 초태생의 규례

---

32) G. J. Wenham, 『레위기』, 383-384쪽.

레 27:28-29: 온전히 바쳐진 것

레 27:30-33: 십일조 규례

레 27:34: 맺음말

1. 사람과 동물의 서원에 관한 살펴봅시다.

1) 사람의 서원(2-8절)

서원은 일반적으로 사람이 곤경에 처하였을 때나 보호와 도우심 등을 간구할 때에 이루어지기도 하지만 서원은 또한 하나님께서 베푸신 은혜에 대한 감사하는 심령으로 자원하여 이루어지기도 하였습니다. 서원은 사람을 통하여, 가축을 통하여, 집이나 땅을 통하여 이루어집니다.

서원의 의미	서원의 경우	서원의 대상
하나님께 향한 응답	1. 곤경에 처하였을 때나 보호와 도우심을 간구	1. 사람
		2. 가축
	2. 하나님께서 베푸신 은혜에 대한 감사	3. 집
		4. 밭

먼저 사람을 통하여 서원함은 사람 자체를 드림이 아니라 사람을 성별하여 하나님을 섬기기 위한 성막 봉사자로 구별시키는 일입니다. 그러나 성막 봉사자는 오직 레위인들만이 할 수 있으므로 다른 지파의 사람들은 서원을 하여도 직접 성막 봉사를 할 수 없습니다. 그러므로 몸값, 즉 속전을 정하여 자신의 서원을 이행할 수 있었습니다.

이제 속전을 위한 서원의 값은 다음과 같습니다.

연령	남자의 서원의 값	여자의 서원의 값
20~60세	은 50세겔	은 30세겔
5~20세	은 20세겔	은 10세겔
1개월~5세	은 5세겔	은 3세겔
60세 이상	은 15세겔	은 10세겔

구약 시대 노동자의 한달 평균 임금이 약 1세겔이었음을 감안할 때에 결코 자신을 하나님께 드리는 일은 평범한 일이 될 수 없습니다[33]. 이는 함부로 하는 서원의 남용을 억제하며 신중하게 합니다. 그러나 서원은 부유한 사람만 행할 수 있는 것은 아니었습니다. 서원자가 가난하여 정한 값을 감당하지 못하겠으면 그를 제사장 앞으로 데리고 가 제사장은 그 값을 정하되 그 서원자의 형편대로 값을 정합니다.

서원의 대상 4가지 중에 첫 번째로 사람을 드림은 무엇보다도 하나님께 자기 자신을 드려야 함을 교훈합니다. 이는 가장 본질적이며, 기본적인 서원의 정신입니다. 다른 서원의 대상에는 있는 무름에 대한 말씀이 없음은 사람의 서원이 가진 근본적인 가르침과 관련된 것으로 여겨집니다.

---

33) R. de Vaux, Ancient Israel (London: Darton, 1961), p. 73.

나이별로 그 서원의 값이 다름은 한 인생의 값진 시기가 있음을 알게 하며, 성별에 대한 가치의 차이는 성 차별이 아닌 오늘날 여성의 상대적이 중요성을 생각할 때에 더욱 적극적으로 하나님께 응답하여야 할 것입니다. 어린 아이와 노년의 서원의 값은 하나님을 섬김에 있어서는 남녀노소가 있을 수 없으며 더 나아가 가난한 사람도 서원에서 제외되지 않음은 모든 사람이 예외없이 섬김으로 하나님께 응답하여야 함을 가르칩니다.

2) 가축의 서원(9-13절)

가축의 서원의 경우는 세 가지입니다. 첫째, 서원한 가축을 바꾸는 경우 둘째, 부정한 가축을 드린 경우 셋째, 드린 가축을 무르고자 하는 경우입니다. 먼저 서원하는 예물로 드리는 것이 가축일 때에는 거룩하여 변경하여 우열간 바꾸지 못합니다. 만일 가축으로 가축을 바꾸면 둘 다 거룩하여집니다. 처음 서원하고 드리고자 할 때에는 자신이 급하므로, 또는 감격과 은혜로 벅찬 마음으로 크게 서원을 하였으나 시간이 지나게 되면 그 마음이 사그러집니다. 그러므로 좋은 것, 귀한 것을 보다 덜한 것으로 바꾸고자 하는 마음이 있게 되는 것입니다. 이렇게 하나님께 서원한 것을 바꾸게 되면 둘 다 거룩하여져서 하나님의 것이 되는 것입니다. 곧 한 번 서원한 것은 하나님의 것으로 바꿀 수 없는 것입니다.

다음으로 부정하여 여호와께 예물로 드리지 못할 가축의 예입니다. 처음에는 알지 못하였으나 나중에 그 가축이 부정하여 제물로 드리지 못할 가축일 때에는 그 가축을 제사장에게 끌고가서 제사장이 매기는 값으로 돈으로 바칩니다.

마지막으로 드린 가축을 무르고자 하는 경우는 정한 값에 5분의 1을 더하여 값을 치루어야 합니다. 이미 서원한 것은 하나님의 것이므로 이를 무르고자 한다면 마땅한 배상이 있어야 하는 것입니다.

서원 대상의 두 번째인 가축의 서원은 우리의 소유에 관하여 교훈합니다. 서원은 드림에 앞서 드림의 대상이 되는 것들이 자신의 것이 아닌 하나님의 소유라는 것을 고백함이 있습니다. 사람이 자신을 하나님께 드릴 때에 자기 자신 조차 하나님의 소유임을 고백한다면 이제 그가 가진 모든 것 또한 하나님의 소유가 되는 것입니다. 특별히 이스라엘이 제물을 드림은 단순히 자신의 소유를 드림 그 이상의 의미를 가집니다. 가축은 하나님께 제물로 드려지며 이 제물은 안수를 통하여 예배자를 대신하기 때문입니다. 구속에 대한 하나님의 약속은 변경과 무름 없이 참되고 흠 없는 주 예수 그리스도를 주셨습니다. 이제 우리도 신실하신 하나님처럼 신실하여야 할 것이며 우리 자신을 산 제물로 드릴 수 있는 참된 예배자가 되어야 할 것입니다.

2. 집과 밭의 헌납에 관하여 살펴봅시다.
이는 부동산을 하나님께 서원한 경우에 대한 예입니다. 부동산으로 하나님께 드림은 집의 헌납과 밭의 헌납입니다.

1) 집의 헌납(14-15절)

자기 집을 성별하여 여호와께 드릴 경우 이 집은 성전의 소유가 되어 제사장이 임의로 처분을 할 수 있습니다. 집을 돈으로 집 값을 대신할 때에는 제사장이 그 값을 정하며 그 집을 무르고자 할 때에는 정한 돈에 5분의 1일 더하여 배상하여야 했습니다. 이는 부정한 가축의 예와 같습니다(11-13절).

서원 대상의 세 번째인 집의 서원은 자신의 거처를 드림을 가르칩니다. 자기 자신을 드리며, 자신의 소유를 드리며, 자신의 거처까지 드립니다. 거처를 드린다는 것은 외적으로는 가장 중요하고 큰 것이 될 수 있으며 내적으로는 내 삶의 평안과 안식을 드리는 것입니다. 그러나 보다 영적으로는 내 삶을 주께 맡기고 인도하심을 받는 것입니다. 하나님께서는 하늘의 거처 이전에 우리를 자신의 거처 삼으셨습니다(요 14:23). 이제 그분의 거처된 자는 자신의 거처를 주께 드리는 것입니다.

"예수께서 대답하여 이르시되 사람이 나를 사랑하면 내 말을 지키리니 내 아버지께서 그를 사랑하실 것이요 우리가 그에게 가서 거처를 그와 함께 하리라"(요 14:23)

"너희는 너희가 하나님의 성전인 것과 하나님의 성령이 너희 안에 계시는 것을 알지 못하느냐"(고전 3:16)

2) 밭의 헌납(16-25절)

밭을 드릴 경우입니다. 밭의 경우는 첫째, 일반적으로 밭을 드림의 경우 둘째, 밭을 무르고자 하는 경우 셋째, 무르지 아니하고 타인에게 매매한 경우 넷째, 매입한 밭의 드림의 경우입니다.

먼저 일반적인 밭의 드림의 경우, 자기 기업의 밭을 드리고자 할 때에는 마지기 수대로 값을 정하되 보리 한 호멜지기에 은 50세겔로 계산하였습니다. 밭을 드리고자 할 때에는 밭을 드리는 것이 아니라 그 밭에 해당되어지는 값으로 돈을 드렸습니다. 이 값은 밭에서 나는 소출을 기준으로 합니다. 감정에 치우쳐 밭을 다 드리고 나면 살 수 있는 생존이 위협받게 되며 또한 참된 헌신은 정상적인 삶을 포기함으로 이처럼 자신의 삶을 힘들게 함으로 드려지는 것이 아니기 때문입니다.

밭을 드림이 만일 희년부터 성별하여 드렸으면 그 값을 정한 대로 하며, 만일 그 밭을 희년 후에 성별하여 드렸으면 제사장이 다음 희년까지 남은 연수를 따라 그 값을 계산하고 정한 값에서 그에 맞게 감하여 드렸습니다.

둘째, 만일 밭을 성별하여 드린 자가 그것을 무르려면 정한 값에서 5분의 1을 더하여 배상함으로 자기 소유로 삼을 수 있었습니다.

셋째, 만일 하나님께 드림으로 서원하였으나 밭의 속전을 지불하지 않고 타인에게 팔았으면 다시는 무르지 못하고 또한 희년이 되어서도 돌아감이 없이 그 밭은 영원히 하나님께 드린 바 되어 제사장의 기업이 되었습니다(20-21절).

넷째, 만일 매입한 밭을 하나님께 성별하여 드린 경우, 제사장은 희년까지의 소출을 계산하여 그 값을 정하여 일시불로 드립니다. 그리고 그 밭은 희년에 본래의 주인에게로 돌아가게 됩니다.

서원의 대상으로 마지막 토지를 드림은 자신의 기업을 드림을 의미하는 것입니다. 하나님께 드림은 자기 자신과 소유와 거처를 넘어, 자신의 은사, 능력, 꿈과 비전, 미래를 드릴 수 있어야 합니다.

서원의 대상	서원의 의미
1. 사람	자기 자신
2. 가축	소유
3. 집	거처
4. 밭	기업

3. 서원에 관한 다양한 규례들을 살펴봅시다.
  1) 초태생의 취급(26-27절)
  서원의 경우 부정한 가축뿐만 아니라 가축 중의 처음 난 것은 서원의 예물이 될 수 없습니다. 이는 이미 하나님께 드린 바가 되기 때문입니다.

부정한 짐승의 첫 새끼는 첫 새끼라도 부정한 짐승이므로 여호와께 드릴 수 없었습니다. 그러므로 이를 속전하기 위하여 정한 값의 5분의 1일 더하여 배상하거나 아니면 정한 값으로 팔아 그 값을 드렸습니다.

2) 금지된 것(28-29절)

특별한 경우로서 하나님께 '온전히 바친 것'이란 '처분을 위해 격리된 것', '저주 받은 것'이라는 뜻으로 하나님의 심판과 진노 가운데 처분하기 위하여 바쳐진 것을 의미합니다. 이러한 것들은 가축이든지 기업의 밭이든지 팔지도 못하고 무르지도 못합니다. 가축이나 기업의 밭뿐만 아니라 사람도 온전히 바쳐진 자는 우상 숭배, 신성모독, 사회적으로 정죄받은 자로서 이들은 다시 무르지 못하고 죽이라 하셨습니다.

3) 십일조(30-33절)

가축 중의 처음 난 것이 여호와의 것인 바와 같이 땅의 십분의 일 곧 땅의 곡식이나 나무의 열매의 십분의 일은 여호와의 것으로 성물이 됩니다. 만일 이러한 것들을 돈으로 대신하여 드리고자 할 때에는 그것에 5분의 1을 더하여 드립니다. 이는 본래 하나님의 것으로 그것을 무르고자 함이 하나님의 물건을 범함이 되기 때문입니다.

더불어 소나 양의 십일조는 목자의 지팡이 아래로 통과하는 것의 10번째의 것마다 여호와의 성물이 됩니다. 그 우열을 임의로 가리거나 바꾸거나 하지 못합니다. 바꾸면 둘 다 거룩하며 무르지 못합니다.

묵상

01 예수님께서는 서원에 관하여 오히려 서원하지 말라고 하셨습니다. 하나님의 크신 뜻은 우리들로 하여금 형식에 매이는 굴레를 원치 않으시는 것입니다. 하나님께서는 나를 어떻게 자유케 하십니까?

02 서원한 것을 하나님을 향하여 신실해야 함은 우리들로 하여금 더 깊은 우리를 향한 하나님의 언약을 보게 합니다. 하나님께서는 오늘날 나를 어떻게 하나님의 사랑으로 묶으셨습니까?

03 자신과 가축과 집과 밭의 드림에 관하여 나누어 봅시다.

되새김

나를 향한 하나님의 사랑을 확인하고 또한 나를 향한 하나님의 사랑 안에서 응답하며 살아가는 것이 곧 나를 부르신 하나님의 뜻입니다. 진리가 우리를 자유케 하는 그 자유는 진리에 묶인 자유입니다. 레위기를 마치며 다시 한번 레위기를 통해서 자신을 계시하고 거룩으로, 거룩한 삶으로 부르신 우리 하나님께 응답하여야 하겠습니다.

참고도서

- R. de Vaux, Ancient Israel. London: Darton, Longman and Todd, 1961.
- Machintosh, C. H. 『레위기』. 서울: 생명의 말씀사, 1999.
- Noordtzij, A. Leviticus. Grand Rapids: Zondervan, 1982.
- Smith, C. W. F. 『The Jesus of the Parable』. Phliadelphia: United Church Press, 1975.
- Wenham, G. J. 『레위기』. 서울: 부흥과개혁사, 2014.
- Balentive, Samuel E. 『현대성서주석: 레위기』. 한국장로교 출판사, 2011.
- Hartley, John E. 『WBC 성경주석: 레위기』. 솔로몬, 2006.
- 김경열. 『레위기의 신학과 해석: 성전과 거룩한 백성』. 새물결플러스, 2016.
- 김중은. 『거룩한 길 다니리』. 서울: 한국 성서학 연구소, 2001.
- 김서택. 『능력의 비결』. 서울: 이레서원, 2013.
- 박승호. 『레위기의 스피릿으로 하나님을 예배하라』. 서울: 그리심, 2012.
- 송병현. 『레위기』. 서울: 국제제자훈련원, 2013.
- 유동근. 『레위기』. 서울: IMC, 2007.
- 정중호. 『한국장로교총회창립 100주년기념 표준주석: 레위기』. 서울:한국장로교출판사, 2014.
- 정중호. 『레위기 만남과 나눔의 장』. 서울: 한들출판사, 1999.
- 전정진. 『레위기-어떻게 읽을 것인가?』. 서울: 성서유니온선교회, 2004.
- 원용국. 『레위기 주석』. 서울: 제신 문화사, 1991.
- 소강석. 『거룩의 재발견』. 서울: 쿰란출판사, 2014.
- 강병도. 『호크마 종합주석: 레위기』. 서울: 기독교지혜사, 1989.

레위기

초판인쇄일 _ 2020년 7월31일
초판발행일 _ 2020년 7월31일

펴낸이 _ 임경묵 목사
펴낸곳 _ 도서출판 다바르

주소 _ 인천 서구 건지로 242, A동 401호(가좌동)
전화 _ 032) 574-8291, 010-9699-7686

지은이 _ 임경묵 목사
　　　　연세대학교 신학과 졸업
　　　　장로회신학대학교 신대원 졸업(M.Div.)
　　　　장로회신학대학교 대학원 졸업(Th.M.)
　　　　현) 주향교회 담임목사

기획 및 편집 _ 장원문화인쇄
인쇄 _ 장원문화인쇄

ISBN 979-11970294-2-4

| 창세기 (상) (하) |

창세기는 '약속의 책'입니다. 모세 오경의 모판이 되며 창조로부터 시작하여 타락과 심판, 구속의 청사진을 보게 합니다.

| 출애굽기 |

출애굽기는 '구속의 책'으로 구속과 그 과정을 보여줌으로 성도의 구원의 여정을 알게 합니다.

| 레위기 |

레위기는 '예배의 책'으로 하나님께 나아가는 법과 하나님의 백성으로 사는 법을 알게 합니다.

| 민수기 |

민수기는 '광야의 책'으로 이스라엘 백성들의 그릇된 길을 보여줌으로 성도의 바른 믿음의 여정을 가르칩니다.

| 신명기 |

신명기는 '교육의 책'으로 모압 언약을 통해서 새로운 세대에게 율법을 반복, 강조, 확장하여 재교육합니다.

레위기는 '성경의 해석서'입니다.

레위기는 순서상으로 모세 오경(창세기, 출애굽기, 레위기, 민수기, 신명기) 중에 세 번째에 가장 중심에 위치하고 있습니다. 단순히 순서상의 중심일 뿐만 아니라, 내용적으로, 영적으로 가장 핵심적인 내용을 담고 있습니다. 오경의 핵심이 레위기라면 레위기를 이해한다는 것은 전체 구약에 대한 하나의 해석의 열쇠가 되며, 신약과 구약을 별개의 책이 아닌 하나의 책이라면 신약까지도 이 레위기를 통해서 진정한 신약의 가치를 살필 수 있게 하는 것입니다.

과거 그리고 현재까지도 레위기는 다른 성경책에 비해 그 가치를 막연하게 인정받으면서도 그 분명한 뜻을 모른 채 단지 하나의 의식법으로만 간주되어져왔습니다. 그러나 그러한 의식들 안에 숨겨지고 담겨진 하나님의 가르침은 참으로 놀라운 것입니다. 유대인들은 자녀들의 성경교육을 창세기가 아닌 레위기부터 한다는 것은 레위기를 공부하는 자에게 있어 특별한 의미를 줍니다. 레위기의 가치는 구약은 신약의 모형이요 그림자이기에 구약에 있는 자에게보다는 신약을 더욱 명확하게 이해하기 위한 자에게, 더 나아가 신구약의 통일성 있는 하나님의 말씀을 바로 이해하고자 하는 자에게 참된 '성경의 해석서'가 되어 줄 것입니다.

값 13,000원

03230

9 791197 029424
ISBN 979-11-970294-2-4